Peter Günter

JESUS, DER LEHRER
DER GERECHTIGKEIT DER
OSIM VON QUMRAN

D1725689

P ETER G ÜNTER

Jesus, der Lehrer der Gerechtigkeit der Osim von Qumran

Schweizer Literaturgesellschaft

Die Deutsche Nationalbibliothek verzeichnet diese Publikation in der Deutschen Nationalbibliografie; detaillierte bibliografische Daten sind im Internet über dnb.dnb.de abrufbar. Die Schweizerische Nationalbibliothek (NB) verzeichnet aufgenommene Bücher unter Helveticat.ch und die Österreichische Nationalbibliothek (ÖNB) unter onb.ac.at.

Unsere Bücher werden in namhaften Bibliotheken aufgenommen, darunter an den Universitätsbibliotheken Harvard, Oxford und Princeton.

Peter Günter:
Jesus, der Lehrer der Gerechtigkeit der Osim von Qumran
ISBN: 978-3-03883-167-9

Buchsatz: Danny Lee Lewis, Berlin: dannyleelewis@gmail.com

Schweizer Literaturgesellschaft ist ein Imprint der
Europäische Verlagsgesellschaften GmbH
Erscheinungsort: Zug
© Copyright 2022
Sie finden uns im Internet unter: www.Literaturgesellschaft.ch

Inhalt

»Nichts ist ja verborgen, was nicht offenbar werden, nichts ist so geheim, dass es nicht ans Licht kommen soll«.

(Jesus nach Markus 4, 22 f.

»Glaubt nicht, ich sei gekommen, Frieden auf die Erde zu bringen. Ich bin nicht gekommen den Frieden zu bringen, sondern das Schwert. Denn ich bin gekommen, den Sohn mit seinem Vater zu entzweien, die Tochter von der Mutter, die Schwiegertochter mit ihrer Schwiegermutter.« (Jesus nach Matthäus, 10,34 ff.)

(Ankündigung des Kampfes gegen Rom, um über die Befreiung Palästinas das Königreich Davids wiederherzustellen: das war seine eigentliche Mission, die er schon in Qumran am Toten Meer vorbereitet hat (Kriegsrolle), wo er zwischen dem 19. bis zum 28. Lebensjahr Führer, Zaddik, einer kommunistischen Familien-Gemeinde war.)

1

Die Genese eines Kindes namens Jesus

Zwei Generationen vor der Geburt Jesus lebte eine Frau namens Anna (hebr. Channah oder Hanna) mit ihrem Ehemann Joachim (hebr. Jojakim), der vielleicht, nicht einmal wie Anna, Pharisäerin, sondern Sadduzäer war, was den Zugang zu den Priestern des Tempels sehr erleichtert hätte. Beide wurden im Hochmittelalter heiliggesprochen. Die heilige Anna als Matrona der Mütter und beide als Patronus und Matrona der Eheleute. Anna hat nach dem frühen Tod Joachims noch zweimal geheiratet: Cleophas und Salomas, denen sie je eine Tochter gebar, deren Namen wir aber nicht kennen. Dass Anna erst in hohem Alter eine Tochter, nämlich Maria gebar, die dann Jesus gebären wird, ist, wie das um 150 wahrscheinlich in Syrien geschriebene apokryphe Protoevangelium eines Jakobus behauptet, schlicht falsch. Genauso falsch ist seine Meinung, Joseph sei ein Witwer gewesen, jedenfalls ein ältlicher Mann, dessen Libido am Verbrennen war, so dass es ihm leichter fiel, die Unberührbarkeit Marias zu erhalten.

Schon mit Joachim hatte Anna zwei Töchter: Salome und die »heilige« Maria (hebr. Mirijam). Die Familie gehörte zur pharisäesadduzäischen reichen Oberschicht Jerusalems, was die Eltern befähigte, ihre Töchter schon als drei- oder vierjährige Kinder zur Erziehung in den Tempel zu schicken, wo sie Hebräisch lesen und schreiben lernten und auch zu allen Dingen befähigt wurden, zu denen Frauen befähigt sein müssen, um sich für einen standesgemässen Gatten zu empfehlen.

Salome vermählte sich dann mit einem Priester des Tempels namens Zebedäus, hebr. Zabdiel (Geschenk Gottes). Sie gebar ihm einen Sohn, den sie Jakobus nannten, der bekannt wurde als »Jakobus, der Ältere«, der nicht mit »Jakobus, dem Gerechten« verwechselt werden darf. »Jakobus, der Ältere« stand nach der Kreuzigung Jesu der Jerusalemer Essener-Gemeinde vor, die seit langem schon eine Gegnerin des mit Rom verbandelten Pharisäer- und Sadduzäertums war. Die Sadduzäer waren die politisch und wirtschaftlich bedeutende oberste Schicht. Für sie war nur die Thora verbindlich (die ersten fünf Bücher Moses). Und viele von ihnen glaubten weder an die Unsterblichkeit der Seele noch an ein Eingreifen Gottes in menschliche Angelegenheiten.

Nach der Geburt des Jakobus blieb Salome längere Zeit unfruchtbar. Dafür schämte sie sich, fühlte sich, je länger die Unfruchtbarkeit dauerte, immer schwerer schuldig, weil Unfruchtbarkeit nach Auffassung der Zeit ja nur an der Frau liegen kann. Denn es herrschte der jahrtausendalte völlig falsche patriarchalische Glaube, dass der Mann in seinem Hodensack Samen, quasi kleine Homunkuli habe, die in der Frau nur einen fruchtbaren Boden finden müssen. Dieser Irrglaube hat der Frau über Jahrtausende die Gleichwertigkeit geraubt. Man wusste schlicht nicht, wie ein Kind entsteht. Diese Unwissenheit dauerte übrigens bis 1900.[1]

Die längere Unfruchtbarkeit Salomes führte dazu, dass Maria oft im Haus des Zebedäus war, um ihre Schwester, die ja wie Maria auch in Jerusalem wohnte, zu trösten und mit ihr zu beten, dass Jahwe gnädig sei und ihr einen zweiten Sohn schenke. Und man war sich in der Familie des Zebedäus einig, dass dieser Johannes genannt werden soll, was hebräisch so viel heisst wie »Jahwe ist gnädig«. Und Jahwe war letztlich gnädig. Dabei war Maria gegenüber der immer depressiver werdenden Salome zwar sehr einfühlsam, aber auch aufmunternd fröhlich. Und das führte irgendwann, vom »Freudschen Es« übermannt, zu einem von Maria völlig ungewollten sexuellen Überfall durch den Tempelpriester Zebedäus: Das Resultat dieses gewaltsamen Übergriffs ist Jesus (Jeshua).

Auch wenn diese Vergewaltigung durch Zebedäus völlig gegen den Willen Marias war, sie verlor damit ihren Status als Immaculata. Nicht der »Heilige« Geist, der keine Spermien hat, sondern der Mann Salomes zeugte Jesus. Der Heilige Geist ist höchstens der Geist einer Gemeinschaft, das, was sie zusammenhält.

Das Wort »Befleckung« mag ja im Falle einer Vergewaltigung angebracht sein, in allen anderen Fällen ist es ein Unwort, das nur von katholischen Priestern kreiert werden konnte. Wenn zwei Siebzehnjährige in gegenseitigem Einverständnis miteinander schlafen, lässt sich das vernünftigerweise nicht als Befleckung bezeichnen.

Im Übrigen sei hier gesagt, dass im damaligen Judentum Priester, Rabbis etc. notwendig verheiratet sein mussten, damit ihre Libido nicht wie im Katholizismus geregelt abgeführt werden konnte. Wenn es bei katholischen Priestern dann doch zu sexuellen Übergriffen kommt meist gegenüber Knaben (Pädophilie) und postpubertären jugendlichen Männern (Homophilie) werden sie verschwiegen und vertuscht, auch von der obersten Führung: von Wojtyla über Ratzinger bis zu Bergoglio, etc. Und wenn sie nicht mehr verschwiegen werden können, werden sie zwar im Allgemeinen heftig verurteilt, weiter geschieht aber nichts (ausgenommen der australische Kardinal, der zeitweise exkommuniziert worden ist).

Maria und Joseph sagten durchaus die Wahrheit, wenn sie sagten, sie hätten bisher keinen Mann bzw. keine Frau anerkannt, dass sie als Verlobte noch nie zusammen gewesen seien, noch nie einen gewollten Geschlechtsakt vollzogen hätten. Auch das ist ein Hinweis, dass Joseph kein alter Witwer war, sondern ein zu Maria passender junger Mann.

Diese Genese Jesus entspringt nicht meiner Fantasie: Jakobus, der Ältere, wird in Neuen Testament mehrfach als »Bruder des Herrn« bezeichnet. Auch Jesus ist ein Zebedaide wie sein sogenannter Lieblingsjünger, Johannes. Wenn Jesus am Tag seiner Kreuzigung Johannes bittet, für das Wohl seiner Mutter Maria zu sorgen, hat das allerdings nichts mit dem Lieblingsjünger zu tun, sondern hat den familienrechtlichen Grund, dass er sein jüngerer Bruder ist.

Als Maria mit Jesus schwanger war, wollte Joseph sie zunächst verstossen, sagte aber später, dass er sie nicht anerkenne, bis Jesus geboren sei. Das »bis« deutet darauf hin, dass sie sich nachher anerkannten und Kinder zeugten.

Neben dem unehelichen Kegel Jesus gehörten gemäss Matthäus zur Familie von Maria und Joseph die Söhne Jakobus der Jüngere (Jakobus II), den Matthäus mit dem Älteren, dem Zebedaiden verwechselt, dann Joses, Judas und Simon sowie eine unbestimmte Anzahl von Mädchen. Bei Markus (6.3ff.) heissen sie Jakobus, Joseph, Judas und Simon, sowie ebenfalls x-Mädchen. Dabei wurde Jesus im Glauben gelassen, dass Joseph sein Vater sei. Obwohl das nicht wahr ist, ist dieser Glaube entscheidend dafür, dass sich Jesus zum Hause Davids gezählt hat.

Die katholische Kongregation für Glaubenslehre, die neben dem Papst höchste vatikanische Institution, hält, was Markus sagt, für unwahr und vernebeln den Nachwuchs von Maria und Joseph zu Nichten, Cousins und anderen nahen Verwandten, nur um das für jeden nachdenklichen Erwachsenen völlig unglaubwürdige Dogma der ewigen Jungfräulichkeit Marias zu retten, die sie ja schon im Hause des Zebedäus verloren hat. Den unmenschlichen Reinheitsfimmel der katholischen Kirche »verdanken« wir den beiden Dogen der Unbefleckten Empfängnis und der immerwährenden Maria Immaculata, Dogmen, an die zu glauben den meisten immer schwerer fällt, weil sie letztlich abstrus sind, es sei denn, dass man glaubt, was die immer schon Glaubenden einfach glauben und was seit Paulus, der nie mit einer Frau geschlafen hat, viele Christen blind glauben. Dadurch ist die den Evangelisten klar widersprechende vatikanische Deutung für sie sakrosankt geworden, obwohl sie nichts mit der Wahrheit zu tun hat.

Jesus wurde zweifellos in Bethlehem geboren, doch nicht in einem Stall oder einer Grotte, wie Kardinal Ratzinger in seinem 3. Jesus-Buch schreibt, wohl weil er dem kleinen Jesus den Stalldung nicht zumuten wollte. Geboren wurde Jesus vielmehr im Hause Josephs, der immer schon in seiner Vaterstadt Davids gelebt hat. Einen Stall als Geburtsort wählte Matthäus, weil er Jesus erst als Anwalt der Armen in Galiläa kennenlernte und sich nicht vorstellen konnte, dass er aus einer begüterten Familie stammt. Gewiss ist auch die Idylle der Hirten auf dem Felde und der die Geburt Jesu aufwertende Besuch der drei orientalischen Könige, die einem plötzlich stillstehenden Stern gefolgt sein sollen, nichts als eine hübsche Mär.

Am achten Tage nach seiner Geburt wurde Jesus im Jerusalemer Tempel beschnitten. Er mag als Knabe seinem Ziehvater in der Bauhandwerkstatt geholfen haben, daneben besuchte er aber die Thoraschule Bethlehems und war schon als 12-Jähriger in den fünf Büchern Moses derart sattelfest, dass er die Priester des Jerusalemer Tempels mit seinen Fragen und Antworten verblüffte. Trotzdem sollte klar sein, dass weder Maria noch sein Ziehvater wissen konnten, was aus Jesus einmal werden würde.

Joseph war sicher kein einfacher Mann. Auch er gehörte zur pharisäischen Oberschicht, ansonsten wäre eine Verlobung mit Maria gar nicht möglich gewesen. Joseph wird gern als ältlicher Mann dargestellt. Doch er war sicher kaum älter als die vielleicht achtzehnjährige Maria. Dass er in jungen Jahren das Zimmerei- bzw. das Bauhandwerk erlernte, ist durchaus möglich und entspricht der jüdischen Gepflogenheit, dass jeder junge Mann, egal was er für seine eigentliche Berufung hält, zunächst ein Handwerk erlernen musste. So lernte zum Beispiel Saulus aus Tarsos, der als Saul in einer reichen jüdischen Familie mit römischem Bürgerrecht aufwuchs, zuerst den Beruf des Zelt- und Teppichmachers, obwohl für ihn längst klar war, dass er jüdischer Schriftgelehrter werden wollte.

Schon Josephs Stammbaum zeigt, dass er zu einer der oberen Schichten gehört. Mit seinem Stammbaum beginnt das Matthäus-Evangelium. Er wird initiiert durch Abraham und Isaak, führt über den König David, dessen Königsstadt Bethlehem war und endet mit Joseph und Jesus.

Matthäus versteht Joseph also als Vater Jesus, der nur so zum Geschlecht Davids gehören kann. So sind es von Abraham bis David vierzehn Geschlechter, von David bis zur Verschleppung der Juden nach Babylon (Babel) vierzehn Geschlechter und vierzehn Geschlechter und von der Heimkehr aus Babylon bis zu Joseph und Jesus. (Matthäus 1, 1–17). Dem widerspricht Matthäus aber schon paulinisch im nächsten Satz, in dem er sagt, dass Maria unbefleckt vom Heiligen Geist empfangen habe. Und der ohnehin paulinisch geprägte Lukas doppelt nach, indem er den Verkündigungsengel zu Maria sagen lässt: »Der Heilige Geist wird über dich kommen.« Dann aber würde Jesus gar nicht zum Geschlecht Davids gehören, es sei denn, auch Zebedäus gehöre dazu, was sicher nicht der Fall ist.

Bisher fand alles, was Maria und Joseph und Jesus betrifft, im Raum Jerusalem und Bethlehem statt. Die beiden Städte trennen nur etwa zwölf Kilometer.

2
Nazareth: Ein Evangelisten-Gespenst

Dass Maria und Joseph in Nazareth gewohnt haben sollen und dass Jesus dort aufgewachsen sei, ist eine Kumulation von historischen, geographischen und etymologischen Fehlurteilen. Zur Zeit der Geburt Jesus' gab es Nazareth noch gar nicht oder höchsten als kleinen Weiler, indem eine Bauhandwerkstatt völlig überflüssig gewesen wäre. Als Jesus etwa 30 war, besuchte er nun als galiläischer Wanderprediger zum ersten Mal das mittlerweile zu einem *Dorf* gewordene Nazareth. Dort wollte man aber von ihm nichts wissen, so dass er weiterziehen musste. Dabei sollen gemäss Markus (6,3ff.) Jesus und seine Jünger dort Josef, Maria, deren vier Söhne und deren Schwestern getroffen haben. Und der Evangelist lässt Jesus aufgrund seiner dortigen Erfolgslosigkeit auch noch den Gassenhauer sagen, dass ein Prophet nirgends weniger gelte als in seiner Vaterstadt, bei seinen Verwandten (sic!) und in seiner Heimat. Und es zeigt auch, wie weit er sich von seinen familiären Ursprüngen entfremdet hat. Nazareth, das Jesus hier erstmals besucht hat, hat in seinem Leben sonst nicht die geringste Rolle gespielt. Die Entfremdung von seinen Ursprüngen zeigt sich auch in der vom Evangelisten Johannes erzählten Hochzeit zu Kana, zu der neben Jesus und seinen Jüngern auch seine Mutter, Maria, eingeladen worden seien. Als seine Mutter zu Jesus sagte, man habe keinen Wein mehr, habe Jesus erwidert: »Was habe ich mit Dir gemeinsam, Frau? Meine Stunde ist noch nicht gekommen.« Weshalb er zu seiner Mutter unmittelbar nachdem er sie nicht erkannt hat, gesagt haben soll »Meine Stunde ist noch nicht gekommen«, war für Maria wohl völlig unverständlich. Doch man kann fragen: Wann ist seine Stunde denn gekommen? Damit kann er kaum seine Kreuzigung gemeint haben, sondern die Wiederherstellung von Davids Königreich.

Heute ist Nazareth mit seiner Oberstadt Illi eine Stadt, indem von den Israeli besetzten Westjordanland mit etwa 130.000 Einwohnern. In der Oberstadt leben vor allem Christen, in der Unterstadt Araber. Das Ganze nennt sich »Natsrath-Illi«, ein Name, der mit dem arabischen Wort für Christen »Nasrani« wirklich nichts zu tun hat. »Nasrani«, »Nazaräer«, »Nazoräer« und »Nazarener« haben etymologisch völlig andre Wurzeln. Wer aus Nazareth kommt, ist ein »Nazarether« bzw. ein »Natsrather«.

3

Die Evangelien: Fabulieren in einem geographischen und geschichtlichen Vakuum

Die konventionellen Lebensdaten Jesus' gemäss den Evangelien und der vatikanischen Kongregation für Glaubenslehre sind etwa die folgenden:

6/5 v. Chr.: Geburt

4/5 v. Chr.: Flucht nach Ägypten

4 v. Chr.: Tod Herodes des Grossen nach langer Krankheit in Jericho; Aufteilung des Reiches auf die Söhne Archelaos (Judäa, Samaria und Idumäa), Antipas (Galiläa und Peräa [Ostjordanland]) und Philippus II (Ituräa [Golan], Gaulantis, Batanäa und Trakentis [Gebiete vom Golan bis weit nach Südosten])

5/6 n. Chr.: Rückkehr aus Ägypten, angeblich nach Nazareth, das damals noch gar nicht existierte

6 n. Chr.: Judäa und Samaria werden römische Provinzen, nachdem Kaiser Augustus Archelaos in die Verbannung nach Vienna in Südgallien geschickt hatte. Der erste Statthalter war Coponius, der sechste dann von 26–36 der bekannte Pontius Pilatus.

6/7 n. Chr.: Jesus besucht als 12-Jähriger den Jerusalemer Tempel und erweist sich als sattelfest in seiner Kenntnis der Thora.

14 n. Chr.: Tiberius wird Nachfolger von Kaiser Augustus.

19/20 n. Chr.: Johannes der Täufer tauft Jesus. Was Jesus ab dem 17. Lebensjahr bis ins Jahr 28 n. Chr. tat, ist, was die Evangelien betrifft, nicht bekannt.

28/29 n. Chr.: Jesus in Kafarnaum, Berufung der Apostel

28–32 n. Chr.: Jesus mit seinen Jüngern und sich für ihr Wohl einsetzende Frauen (Maria Magdalena [eine Hure, dann seine Geliebte], Salome, (Schwester Marias) als Wanderprediger in Galiläa

33/34 n. Chr.: Letzte Reise nach Jerusalem, Abendmahl, Kreuzigung, Auferstehung

Kardinal Joseph Ratzinger setzt in seinem 3. Jesusbuch (1912) die Geburt sogar in die Jahre 7/6 v. Chr., weil es in diesen Jahren eine Planetenkonjunktion von Jupiter und Saturn gegeben hat. Nur müsste diese Konjunktion, von Jerusalem oder Bethlehem gesehen, genau im Zenit stattgefunden haben. Und welchem dieser Planeten sind die Weisen aus dem Morgenland gefolgt, bis es zu deren Konjunktion kam? Alles Fragen, die unbeantwortbar sind. Das Schlimme an Ratzingers Deutung ist aber die Tatsache, dass in diesen Jahren niemand einen Grund gehabt hat, wegen einer Volkszählung von Nazareth nach Bethlehem zu ziehen, dass der von Augustus befohlenen Zensus in Palästina erst im Jahr 7 n. Chr. stattfand (Jesus war damals 12 Jahre alt). Hat Ratzinger die auf Palästina bezogene römische Geschichte und den jüdischen Historiker Flavius Josephus (»Jüdische Altertümer«) überhaupt gelesen? Weiss er überhaupt, dass etymologisch »Nazaräer«, »Nazöräer«, »Nazarener«, »Iesus Nazarenus« gar nichts mit Nazareth zu tun hat. Alle diese Kennzeichnungen haben ihre Wurzel im Wort »Nozrim«, mit dem sich die Gemeinde von Qumran selbst bezeichnet hat. Da es, wie Ratzinger behauptet, für die Lebenszeit Jesu ausser den Evangelien keine Quellen gebe, darf man durchaus sagen, dass er voraussetzt, was er beweisen will: die Wahrheit seines Glaubens und die der Kongregation für Glaubenslehre, zu der es gehört, dass die Evangelien historisch richtig seien.

Die Geburt Jesus legt Ratzinger in die Jahre 7/6 v. Christus. Er tut dies, weil er fälschlicherweise meint, dass es in dieser Zeit gar keine anderen Quellen gebe. Sein Glaube verbietet ihm, zu sehen, dass der angebliche Kindermord und der Besuch orientalischen Könige Ereignisse waren, die die Funktion haben, die Geburt Jesus retrospektiv aufzuwerten.

An diesem Lebenslauf stimmt vieles. Falsch aber ist:

1. Es gab keinen Kleinkindermord in Bethlehem. Das ist auszuschliessen, schon auf Grund seines römisch zivilisierten Charakters und seines durch den Hellenismus geprägten Regierungsstils. Im Übrigen hätte Augustus den von den Evangelien völlig verkannten König Herodes, auf dessen Biografie wir noch eingehen werden, ohne zu zögern abgesetzt und hinrichten lassen, wenn er diesen Säuglingsmord angeordnet hätte. Im Übrigen hat Flavius Josephus gesagt, dass Herodes niemals etwas tat, das den Zorn der Juden herausgefordert hätte (»Jüdische Altertümer«).

2. Es gab keine Flucht nach Ägypten und auch keine Rückkehr aus Ägypten.

3. Es gab im Geburtsjahr Jesus' (5/6 v. Chr.) keine Volkszählung, und deshalb auch keine Reise Josefs und der hochschwangeren Maria von Nazareth nach Bethlehem.

4. Nazareth gab es zur Zeit der Geburt Jesus noch nicht, höchstens als kleinen Weiler, in dem eine Bauwerkstatt völlig überflüssig gewesen wäre.

5. Josef und Maria lebten schon immer in Josefs Vaterstadt Bethlehem.

6. Der von Kaiser Augustus befohlene Zensus fand erst im Jahr 7. n. Chr. statt, als Jesus 12 Jahre alt war.

7. Falsch ist auch, dass wir über das Leben Jesus' von seinem 16. Lebensjahr (22 n. Chr.) bis 28 n. Chr. nichts wissen. Nur die Evangelisten wissen nichts darüber, was Jesus in diesen 6 Jahren getan hat. Doch es gibt römische Schriftsteller und Historiker, vor allen Flavius Josephus, die diese 6 Jahre rekonstruieren können. Das ist natürlich unmöglich, wenn man wie Ratzinger sagt annimmt, dass die Evangelien historisch richtig seien und dass es gar keine anderen Quellen gebe.

Doch nun zurück zu den Evangelisten:

Für den Evangelisten Matthäus, den ehemaligen Zöllner und Steuereintreiber von Kafarnaum, der später an Stelle des Verräters Judas Iskariot vom Jünger zum Apostel befördert wurde, löst der ausserbiblisch nicht belegbare Kindermord für Maria und Joseph mit ihrem Säugling die Flucht nach Ägypten aus. (Kurze Frage: Wo soll der Säugling saugen? Hat der Heilige Geist auch noch für die Muttermilch in der Brust der Immaculata gesorgt?) Doch wichtiger als ihre Flucht nach Ägypten ist ihre Heimkehr, ihr Exodus aus Ägypten. Denn so erfüllt sich das Wort, das der Herr durch den Propheten gesprochen hatte: »Aus Ägypten berief ich meinen Sohn.«Man hat durchaus den Eindruck, dass diese ganze Geschichte nur erfunden wurde, damit diese Prophezeiung ihre Erfüllung findet. Im Übrigen wollte das Paar mit seinem Kleinen zuerst nach Judäa, wahrscheinlich nach Bethlehem zurück, die Familie sei aber nicht dortgeblieben, nachdem sie erfahren hatte, dass dort jetzt Herodes Archelaos (geb. 23. v. Chr., Regierungszeit 4 v. Chr.–6 n. Chr.) an Stelle seines Vaters in Judäa herrsche. Deshalb sei die Familie weitergezogen und hätte sich in einer *Stadt* namens Nazareth niedergelassen (Matthäus 2,19ff.). Dabei beschreibt der Evangelist die Dinge so, als wenn sie noch nie in Nazareth gewesen wären, das übrigens zum Herrschaftsbereich des Bruders von Archelaos gehörte – zu dem von Herodes Antipas (geb. 21 v. Chr., Regierungszeit 4. v. Chr.–39 n. Chr.), was der Galiläer Matthäus offenbar gar nicht wusste. Doch wichtig ist ihm, dass mit dieser Niederlassung wieder ein Prophetenwort in Erfüllung geht: »Man wird ihn einen Nazaräer nennen.« Ein Einwohner des erst später entstehenden Nazareth ist aber kein »Nazaräer«, «Nazoräer«, Bezeichnungen, die ich wiederhole michganz andere Wurzeln haben, die erst nach der Beschäftigung mit den 1947 entdeckten Schriftrollen vom Toten Meer freigelegt werden können. Jemand, der aus Nazareth kommt, ist ein »Nazarether«.

Beim Evangelisten Markus, der Palästina ausser Jerusalem und Caesarea überhaupt nicht kennt, stammen Joseph und Maria hingegen aus der *Stadt* Nazareth, wo Jesus aufgewachsen ist. Doch als Jesus mit den Seinen etwa ums Jahr 29. n. Chr. erstmals nach Nazareth kam, war es ein *kleines Dorf*.

Als Maria wenn auch nicht von Joseph hochschwanger war, habe (gemäss Lukas 2, 1–5) Kaiser Augustus befohlen, aus fiskalischen Gründen die Einwohner des ganzen römischen Reichs zu zählen. Der Befehl enthielt aber keineswegs den Passus, dass sich jeder in seiner Vaterstadt registrieren lassen müsse, wie der Evangelist behauptet. Nun war Josephs Vaterstadt die Stadt Davids: Bethlehem. Von Nazareth nach Bethlehem sind es, nimmt man die heutigen Schnellstrassen, rund hundertachtzig Kilometer. Diese mit einer hochschwangeren Frau zu bewältigen, ist mit den damaligen Mitteln eine logistische Unmöglichkeit, zumindest ein Albtraum.

Doch die Ungereimtheiten der Evangelisten sind noch viel schlimmer. Augustus hat den reichsweiten Zensus nämlich erst 7 n. Chr. befohlen und nicht, wie die Evangelien annehmen, 6/5 v. Chr. (eine Differenz nahezu zwölf Jahren). Augustus hat Quirinius, den Statthalter von Syrien, damit beauftragt, diese Volkszählung zunächst in Syrien, dann aber auch in Palästina durchzuführen. Nun hatte ein Reich wie das Römische ein Netzwerk von Beamten, die in jeder grösseren Stadt als Vertreter präsent waren und an die die Durchführung der Volkszählung delegierbar war, so dass sich jeder in der nächsten grösseren Ortschaft registrieren lassen konnte. Um dem Zensus zu genügen, hat es eine Reise Josephs mit seiner hochschwangeren Verlobten von Nazareth nach Bethlehem deshalb gar nie gegeben.

Eine andere völlig unglaubwürdige Geschichte der Evangelien ist die Fiktion, dass Maria eine Cousine namens Elisabeth gehabt habe, die mit dem Priester Zacharias verheiratet war und mit ihm in der Wüste Judäas hinter den Bergen lebte. Elisabeth, die bisher unfruchtbar war, wurde kurz vor den Wechseljahren dann doch noch schwanger und gebar dann Johannes den Täufer. Als Maria, die im 2. Monat schwanger war, erfuhr, dass Elisabeth schon im sechsten Schwangerschaftsmonat sei, entschloss sie sich, ihre Cousine zu besuchen. Sie verliess Joseph, ohne ihm etwas zu sagen. Ihr Ziel war ein Ort, dessen Namen sie nicht kannte. Sie wusste bloss, dass er hinter den Bergen der Wüste von Judäa liegt. Wenn, was allseits unbestritten ist, der Täufer ein Essener war, der im Jordan taufte, kann der Ort, wo Johannes mit seinen Eltern aufwuchs, im Grunde nur der Ort sein, der heute Kirbit Qumran heisst, damals aber keinen eignen Namen hatte. Qumran liegt in der Nähe der Jordanmündung etwa hundert Meter über dem Toten Meer, das seinerseits vierhundert Meter unter dem Meeresspiegel liegt. Wenn man einmal den Weg anschaut, den Maria, die ohne Karte und Kompass völlig allein unterwegs war, zurücklegte, wäre er von Nazareth aus rund hundertneunzig Kilometer, von Bethlehem aus etwa fünfzig Kilometer. Dabei führt letzterer durch die schwer zerklüftete Wüste Judäas, in der nur Beduinen leben. Und hinter den Bergen geht es rund tausend Meter steil abwärts. Die Begehung jeder dieser Wege ist für eine allein reisende Frau schlicht unmöglich, erst recht, wenn sie den Namen des Ortes nicht kennt, den sie besuchen will. Die ganze Geschichte wird in den Evangelien erfunden. Es geht ihnen nur darum, eine Blutsverwandtschaft zwischen Jesus und dem Täufer herzustellen. Doch das ist schlicht Unsinn. Im Übrigen ist eine mögliche Cousine Marias in der Regel zwei Generation jünger als sie. Elisabeth ist aber eine Frau kurz vor den Wechseljahren und gehört deshalb zur Generation von Marias Mutter Anna, die die Grossmutter von Jesus ist. Auch aufgrund der verwandtschaftlichen Beziehungen ist der Besuch Elisabeths durch Maria gar nicht möglich.

Eine vorläufig letzte verdrehte Geschichte stammt wieder von Matthäus: Als Jesus seine Basis nach Kafarnaum an der See Genezareth verlegte, um dort zu predigen und Jünger auszuwählen begann, transportiert Matthäus den Jerusalemer Tempelpriester Zebedäus und seine Söhne einfach an den See Genezareth und macht sie zu Fischern. Als Jesus Jakobus, den Älteren, und Johannes zu sich gerufen habe, seien sie ihm gefolgt und hätten ihren Vater dem Fischerboot und dem See überlassen. Doch was sollte Matthäus, der Zöllner und Steuereintreiber von Kafarnaum denn sonst schreiben, da er ja nur den See und die Ortschaften an seinem Ufer kannte? Dass Jakobus der Ältere und sein Bruder Johannes Apostel geworden sind, geschah nicht am See Genezareth, sondern schon bevor Jesus nach Kafarnaum zogen. Doch davon später.

4
Zu den Evangelien im Allgemeinen

Gemäss dem Neuen Testament ist das erste Evangelium das aramäische geschriebene von Matthäus. Es wurde nicht vor dem Jahr 70 n. Chr. geschrieben. Markus schrieb seinen Text aber schon ums Jahr 55, Lukas, der auch die Apostelgeschichte aufgezeichnet hat, verfasste sein Evangelium ums Jahr 63, beide also früher als Matthäus. Der Evangelist Johannes, der Lieblingsjünger Jesu war, hat sein Evangelium zwischen 90 und 100 n. Chr. als mehr Neunzigjähriger in Ephesos geschrieben. Und wenn er in der Verbannung auf Patmos auch noch die »Offenbarung« bzw. die »Apokalypse« geschrieben hätte, wäre er gegen hundertzehn Jahre alt geworden. Wenn man annimmt, dass der Lieblingsjünger Jesus tatsächlich der Evangelist ist, haben nur zwei Evangelisten Jesus selber gekannt, nämlich Matthäus und der Zebedaide Johannes, der hier schon als jüngerer Bruder Jesus väterlicherseits identifiziert worden ist.

Nun muss man wissen, dass der aus Jerusalem stammende Markus der Begleiter von Paulus auf seiner ersten Missionsreise (47–48) war. Paulus begann sie in Antiochia. Dort verwendet Paulus um 42 n. Chr. übrigens erstmals das ursprünglich griechische Wort »Christen« (Chrestianoi), das im jüdischen Kontext von Jesus nie gebraucht wurde. Deshalb ist der Ausdruck »Urchristentum« auch sehr problematisch, wenn man ihn auf die Lehre der Essener und der von Jesus und Jakobus dem Älteren bezieht.

Zum anderen muss man wissen, dass der syrische Arzt und Evangelist Lukas Paulus auf der zweiten (48–52) und dritten Missionsreise (52–56) begleitet hat (Apg. 16,10; 20,5–21,18). Und da auch Matthäus sein Evangelium mit Sicherheit später geschrieben hat, darf man sagen, dass alle Evangelien durch den Theologen Paulus bestimmt sind.

Und zum Dritten muss man wissen, dass alle Evangelien 1. aus der Perspektive der Jahre 28 bis etwa 33 geschrieben wurden, als Jesus als Wanderprediger durch Galiläa zog, als Anwalt der Unterschicht, der Armen, der Geknechteten, der Kranken und all derer, die sich nicht an die essenischen Konventionen hielten. Und 2. ist für die Evangelisten klar, dass Jesus auch in die Unterschicht hineingeboren wurde. Für sie ist es unmöglich zu denken, dass Jesus in einer begüterten pharisäischen Oberschicht in Bethlehem aufgewachsen ist.

Der Grundmangel aller Evangelien liegt daran, dass sie weder die Geografie noch die Geschichte Palästinas hinreichend kennen. Dem soll nun abgeholfen werden.

5

Die Geschichte Palästinas im ersten vor- und im ersten nachchristlichen Jahrhundert

5.1 Die Herodianische Dynastie

Die Römer eroberten unter Pompejus 63 v. Chr. Nabatäa mit der Hauptstadt Petra und 62 v. Chr. von Caesarea aus die Levante und machten Palästina, wo vorher die Herrschaft vom jeweiligen Hohen Priester ausgeübt wurde, zu einer syrischen Provinz.

Gaius Julius Herodes (HI) wurde als zweiter Sohn des Antipatros und Kypros, aus Nabatäa 73 v. Chr. in Idumäa (heutiger Negev), wohl in der Hauptstadt Marissa in eine begüterte und einflussreiche Familie hineingeboren. Er war römischer Bürger und Jude, gehörte aber nicht zu den Stämmen Israels, weswegen er in Judäa nicht als König akzeptiert wurde, zumal er wie sein Vater eine Nabatäerin, eine Heidin namens Doris (1) geheiratet hat, die Tochter des letzten Hasmoräerskönigs Antigonos. Die Hasmoräerkönige beherrschten nach den Makkabäerkönigen etwa von 150 bis 50 v. Chr. Judäa in Form eines Priesterkönigtums.

Die Ehe mit Doris wurde 47 v. Chr. geschieden, nachdem sie den Sohn Antipater geboren hatte. Sie war aber ab 14 v. Chr. wieder am Hof. Die nächste Frau (2) war die Hasmonäerin Mariammne I (37. v. Chr.), die den Sohn Herodes Philippos I gebar, der auch Herodes Boethos (H II) genannt wurde. Herodes Boethos war seinerseits mit Herodias, einer Nichte von Herodes (H I) verheiratet, bis sie ihm von

29

Herodes Antipas weggeschnappt wurde. Die Tochter aus der Ehe Boethos/Herodias war Salome, eine Urenkelin von H I, die auf Wunsch ihrer Mutter Herodias etwa um 28 n. Chr. den Kopf von Johannes dem Täufer gefordert hat. Dann folgte (3) 30 v. Chr. eine Nichte, dann (4) 29 eine Cousine. Dann kam es zu der wohl wichtigsten Ehe von Herodes: die Ehe mit der Samaritanerin Malthake (5), die ihm die Söhne Archelaos (H III, geb. 21 v. Chr.) und Herodes Antipas (H IV, geb. 21 v. Chr.) schenkte. Die nächste Ehefrau (25 v. Chr.) war die Jerusalemerin Kleopatra (6), die übernächste dann (23. v. Chr.) die Jüdin Mariammne II (7), die ebenfalls aus Jerusalem stammte und die Tochter von Herodes Boethos war. Gemäss Flavius Josephus soll Mariammne II als die schönste Frau der Welt bezeichnet worden sein. Um sie standesgemäss zu heiraten und nicht mit Gewalt als Gespielin an seinen Hof zu holen, machte er ihren Vater, Simon Boethos, zum Hohepriester. Mariamne II gebar ihm einen Sohn namens Philippos II, der dann die berüchtigte Salome ehelichte. Die letzten drei Ehefrauen waren (8), (9) und (10) Pallas 21, Phädra 19, und Elpis 17 v. Chr. Ob er seine erste Frau, Doris, die er 14 v. Chr. wieder an Hof holte, nochmals geheiratet hat, ist ungewiss.

Um die Geschichte Palästinas zu verstehen, insofern sie die Herodianische Dynastie betrifft, ist noch ein Enkel von Herodes, Herodes Agrippa I (H 5, 10 v. 44 n. Chr.) zu nennen, der das Reich wieder zur Grösse ausbauen konnte, wie das unter Herodes dem Grossen der Fall war. Und letztlich noch sein Sohn, Agrippa II (H VI, 2792/93 n. Chr.), der wie alle hier erwähnten Söhne und Enkel Herodes' in Rom erzogen wurdeobwohl er in einer inzestuösen Beziehung mit seiner Schwester Berenike zusammenlebte. Auch er konnte durch Nero das Reich der Herodianer noch weiter vergrössern und wurde religiöses Oberhaupt aller Juden, sowohl in Palästina als auch in der Diaspora. Er war ein sehr grosszügiger Herrscher, der viele Städte Palästinas weiter ausbaute. Er erlebte aber auch den jüdischen Aufstand gegen die Römer (66–72 n. Chr.) und deren blutige Reaktion: Sie zerstörten zwischen 72 und

73 n. Chr. alle Städte Palästinas und auch den von Herodes gebauten Tempel in Jerusalem, zuletzt auch das heutige Qumran und die von Zeloten und Iskariern bewohnte Festung Masada, deren Bewohner sie aushungerten und in einen Massenselbstmord trieben. Seither ist Palästina römische Provinz und blieb es bis etwa 634 n. Chr.

5.2 Herodes der Grosse (73–4 v. Chr.)

Der junge Herodes verdiente seine Sporen beim Kampf gegen jüdische Guerillas in den Bergen Galiläas. Er war eine imposante Erscheinung, ein vorzüglicher Athlet, der nach griechischem Vorbild nackt und ölglänzend angetreten ist und als Speerwerfer unübertroffen war.

Obwohl Herodes Jude war, wurde er von den Juden nie als König anerkannt, weil er kein Israelit war (vgl. Deuteronomium, das 5. Buch Moses, 17,15), aber auch wegen der vielen Eheschließungen mit Nichtjüdinnen und seines extensiven Sexuallebens, denn er hatte neben den Ehefrauen immer auch Gespielinnen am Hof, so dass er wohl unzählige Kinder gezeugt hat. Und er hielt sich zeit seines Lebens an die jüdischen Regeln und Riten und unterliess alles, was den Zorn des jüdischen Volkes und dessen Obrigkeit hätte erzürnen können (Josephus, Altertümer, 15). In den Evangelien wird er dagegen völlig verkannt als Inbegriff des Bösen, als Bethlehems Kindermörder dargestellt, was den heftigsten Zorn des Juden hervorgerufen hätte. Dieser Mord ist ohnehin eine blosse Fiktion, um die Geburt Jesus aufzuwerten. Das gilt auch für die Sterndeuter, die drei Könige aus dem Morgenland. (Frage: Wie kann man einem Stern folgen, der dann über einem Stall bei Bethlehem stillsteht?) Im Übrigen weiss auch der jüdische Historiker Flavius Josephus, dessen Chroniken die Hauptquellen zu Herodes sind, nichts von einem Kleinkindermord.

Fiktional ist auch, dass Joseph ums Jahr 5/6 v. Chr. im Rahmen einer Volkszählung mit seiner hochschwangeren Verlobten vom angeblichen Nazareth zu Registration nach Bethlehem habe reisen müssen.

31

Denn der von Augustus angeordnete Zensus fand erst 6/7 n. Chr. statt, also gut 12 Jahre nachdem Herodes nach langer schwerer Krankheit in März 4 v. Chr. in Jericho gestorben ist. Tatsachen lassen sich nicht aus der Welt schaffen, indem man sie wie der Vatikan und mit ihm das kollektive Gedächtnis der halben Menschheit einfach ignoriert und gegen die Wissenschaft die meistens fabulierenden Evangelien für die reine Wahrheit hält.

Herodes war gewiss kein Lamm, sondern ein machtbewusster Herrscher, der letztlich als römischer Klientelkönig Herrscher über Idumäa, Judäa, Samaria, Galiläa, Peräa, am Mittelmeer Phoenicia (von Gaza bis Berytus (Beirut) und im Norden Gaulantis (heutiger Golan) Trachontis, Aurantis, Ituräa: Gebiete, die von der Jordanquelle bis weit nach Südosten in die Wüste hineinreichten. Wenn er Verschwörungen witterte, in denen es um seine Macht ging, handelte er rigoros: So ermordete er drei seiner machthungrigen Söhne. Die vielleicht schlimmsten Verbrechen, die er beging, waren wohl diese: 35 v. Chr. setzte Herodes Anael als Hohen Priester ab, was dem jüdischen Gesetz widersprach, und machte den 16-jährigen Aristobulos aus der Ehe mit Mariamne I zum Hohepriester. Im selben Jahr hatte Aristobulos beim Laubhüttenfest seinen ersten offiziellen Auftritt als Hohepriester, vollzog die religiösen Riten und wurde vom Volk frenetisch bejubelt. Diese Popularitätsdemonstration war für Herodes zu viel, sodass er Aristobulos sofort als Konkurrenten empfand. Er liess den 17-Jährigen in einem Bad in Jericho von seinem Dienern ertränken und stellte dieses Verbrechen als Unfall dar (vgl. Josephus: Jüdische Altertümer 15,49–53). Beim zweiten schlimmen Verbrechen ging es kurz vor seinem Tod, um die sogenannte Adler-Affäre. Zwei jüdische Gesetzeslehrer sollen dazu aufgerufen haben, den grossen Adler, den Herodes als Zeichen seiner Macht am von ihm erbauten Tempel angebracht hatte, zu zerstören. Vierzig Beteiligte wurden Herodes in Jericho vorgeführt: Die Anführer soll er lebendig verbrannt, die Mittäter hingerichtet haben. Es gibt aber auch Quellen, die besagen, dass sein Vorhaben durch seine einzige Schwester, die ebenfalls Salome hiess, vereitelt worden sei, um sich in Jerusalem beliebt zu machen (vgl. SPIEGEL ONLINE 26.05.2009).

40 v. Chr. eroberte der letzte Hasmonäerkönig Antigonos mit Hilfe der Parther aus Persien Jerusalem und machte sich dort zum König und Hohepriester. Wie seine Vorgänger wollte er Judäa von Rom unabhängig machen, während Herodes mit Rom zusammenarbeitete. Dieser musste mit seiner Familie aus Jerusalem fliehen und verschanzte sich in der von ihm selbst erbauten Felsenfestung Masada. Von dort reiste er im gleichen Jahr zum ersten Mal nach Rom und wurde vom zweiten Triumvirat (Octavian, Marcus Antonius, Marcus Aemilius Lepidus) zum König Jerusalems ernannt. Von 39–37 führte er Krieg gegen Antigonos. Nach der Rückeroberung Jerusalems und dem Sieg über diesen wurde Antigonos auf Befehl von Marcus Antonius in Antiochia hingerichtet.

32 v. Chr. eröffneten die Nabatäer den Krieg gegen Idumäa, den Herodes ein Jahr später gewann. Ebenfalls 32 v. Chr. kam es zu einem schweren Erdbeben in Judäa. Die Verwalter der Schriftrollen von Qumran, die vom Dominikanerpater Roland De Vaux angeführte sogenannte »internationale« Gruppe, die mit Ausnahme von John Allegro alle dem Vatikan verpflichtete, katholische Priester waren, halten dieses Erdbeben, das sie fälschlicherweise ins Jahr 31 v. Chr. datierten, zusammen mit einer Feuersbrunst für die Ursache der Zerstörung Qumrans.

Doch das ist nicht wahr. Die Gemeinde wurde erst 37 v. Chr. zerstört, und zwar mutwillig durch Herodes, der damit in seinem ersten Regierungsjahr einer Forderung des Jerusalemer Pharisäer- und Sadduzäertums entsprach.

29. v. Chr. entschied sich Herodes gegen seinen Gönner im 2. Triumvirat, gegen Marcus Antonius, zu Gunsten von Octavian, den späteren Kaiser Augustus. Im Jahr 30 v. Chr. wurde Herodes von Octavian auf

Rhodos als König bestätigt und erhielt von ihm Gaulantis, Trachontis, Aurantis und Ituräa.

Noch im Jahr 29 liess es seine Frau Mariammne I und seinen Schwager Kostobarus hinrichten, weil sie sich angeblich gegen ihn verschworen hatten.

[Das Wort »angeblich« soll darauf hindeuten, dass Salome, Herodes' Schwester, ihre Finger im Spiel hatte. Sie war sozusagen die Berufsintrigantin am Hof. p. g.]

[Voltaire hat eine Tragödie über diese Verschwörung geschrieben, zuerst unter dem Titel »Mariamne«. Zu einem Erfolg beim französischen Publikum kam jedoch erst als er das Stück in »Hérode et Mariamne« umtitelte. Voltaire schreibt »Mariammne« mit nur Einem »m«. p. g.].

Ebenfalls 29 organisierte er in Jerusalem grosse Festspiele, da er 27 dort ein Theater und ein Amphitheater errichtet hatte. Und zu Ehren von Augustus baute er die Stadt Samaria aus und nannte sie »Sebaste« (griech. »Sebastos« d. h. »Erhabener« und lateinisch »Augustus«).

25 v. Chr. gab es nach einer Dürre fast im ganzen Reich des Herodes eine Hungersnot mit Seuchen. Herodes kaufte in Ägypten Getreide und startete damit eine vorbildliche Hilfsaktion: Überdies erliess allen einen Drittel der Steuern.

23 v. Chr. liess er sich in Jerusalem einen Königspalast bauen und dreizehn Kilometer südlich davon das Herodeion, eine auf einem Hügel gelegene befestigte Palastresidenz.

Um 22 v. Chr. begann der Ausbau des zweiten Tempels, der das grösste Bauwerk im ganzen Römischen Reiches wurde. Auf demselben Hügel, auf dem schon Salomo den ersten Tempel baute, liess er auf hohen senkrechten Wänden ein hundert auf hundert Meter in weissem Marmor verkleidetes Viereck bauen, auf dem der eigentliche Tempel zu stehen kam. Das im ganzen Reich bewunderte Bauwerk wurde 10 v. Chr. beendet. Daneben baute er in ganz Jerusalem neue Wasserleitungen, so dass fast jeder Haushalt mit Wasser versorgt war.

Ebenfalls im Jahr 22 v. Chr. begann der Ausbau der am Mitteleer gelegenen Stadt Caesarea Maritima und ihres Hafens.

Wirtschaftlich erreichte er durch die Gewinnung von Erdpech am Toten Meer beinahe ein Monopol. Erdpech war für den Bau von Holzschiffen unumgänglich.

Vom römischen Kaiser pachtete er die Kupferminen auf Zypern. Zusammen mit britischem Zinn erschuf er sich so eine dominante Stellung in der Herstellung von Bronze.

Und da die Wirtschaft in Judäa blühte, rettete er in Griechenland die Olympischen Spiele, die kurz vor dem finanziellen Kollaps standen.

Man darf alles in allem sagen, dass er trotz seiner vielen Hinrichtungen, die meistens Verschwörer und offensichtlichen Konkurrenten aus der eigenen Dynastie betrafen, dass er der bedeutendste Bauherr seiner Zeit und wohl der bedeutendste Jüdische Herrscher war, der die griechisch-römische Kultur nach Palästina bringen wollte.

https:/de.wikipedia.org/wiki/Herodes).

5.3 Das Erbe von Herodes dem Grossen

In seinem 1. Testament wollte er den Sohn seiner ersten Ehefrau, Doris, Antipater zum Herrscher über sein ganzes Reich machen. Weil dieser aber Herodes absetzen wollte, änderte er in Absprache mit Augustus kurz vor seinem Tod das Testament und teilte sein Reich neu auf: auf die Söhne, die er mit der Samaritanerin Malthake gezeugt hatte, Herodes Archelaos und Herodes Antipas, und den Sohn, den ihm die Jerusalemerin Kleopatra geboren hatte, Herodes Philippos II.

Herodes der Grosse hatte **Archelaos** zunächst als seinen Nachfolger als König bestimmt. Schon wenige Tage nach seinem Regierungsantritt 4 v. Chr. schlug er brutal einen Aufstand der Pharisäer im Jerusalemer Tempel nieder; dabei kamen dreitausend Juden ums Leben. Kurz darauf reiste er nach Rom, wo er auch erzogen wurde, um von Augustus seinen Herrschaftsanspruch bestätigen zu lassen. Augustus ernannte ihn aber bloss zum Ethnarchen über Judäa, Samaria und Idumäa, versprach ihm aber den Königstitel, wenn er gut regieren würde. Er war aber ein tyrannischer und launischer Regent, der in kürzester Zeit viermal den Hohepriester auswechselte. Besonders anstössig war für die Juden, dass es seine erste Frau verstiess, um Glaphyra zu heiraten, obwohl diese mit dem berbischen König Juba II verheiratet war. Im Jahr 6 n. Chr. verklagten ihn die vornehmsten Juden und Samaritaner bei Augustus, weil er sie schlecht behandelte. Augustus berief ihn nach Rom, wo er in einem ordentlichen Gerichtsverfahren seines Amts enthoben und mit der Einziehung seines ganzen Vermögens bestraft wurde. Augustus schickte ihn ins Exil nach Vienna in Gallien, wo er 18 n. Chr. starb. Seine Ethnarchie wurde zu einer von einem römischen Statthalter beziehungsweise Präfekten verwaltete römische Provinz (6 bis 36 n. Chr.), bis Kaiser Caligula Herodes Agrippa I als Tetrarch einsetzte, der wieder über ein Gebiet herrschte, das sogar grösser war als das von Herodes dem Grossen (vgl. https://de.wikipedia.org/wiki/Herodes_Archelaos).

Kaiser Augustus billigte auch den Rest des Testaments von Herodes, das auch den Bruder von Archelaos, Herodes **Antipas**, berücksichtigte. Herodes Antipas war der zweite Sohn, den Herodes des Grossen mit seiner fünften Ehefrau, der Samaritanerin Malthake, zeugte. Auch er wurde zusammen mit Archelaos und seinem Halbbruder Philippus II in Rom erzogen. Als sein Vater im Jahre 4 v. Chr. starb, wurde Herodes Antipas als einer der wenigen Söhne, die allen Intrigen des Hofes entgangen waren, Herrscher von Galiläa und Peräa (Ostjordanland). Und machte Sepphoris in Galiläa zur Hauptstadt seines Herrschaftsgebietes.

Ausserdem gründete er Tiberias am See Genezareth, eine hellenistische Stadt, die nach Kaiser Tiberius benannt wurde und später Sepphoris als Hauptstadt der Tetrarchie ablöste (Tiberias ist nur wenige Kilometer von Kafarnaum entfernt, wo Jesus nach der Hinrichtung des Täufers seine Basis als galiläischer Wanderprediger hatte). Herodes Antipas verliebte sich in seine Schwägerin und Nichte, Herodias, die Frau seines Halbbruders Herodes Boethos. He-rodias verliess ihren Mann, weil sie sich in Herodes Antipas verliebte. Und da diese Liebe gegenseitig war, verstiess Antipas seine erste Frau, die Tochter des nabatäischen Königs Aretas IV. Dieser doppelte Ehebruch war für viele Juden höchst anstössig. Nach biblischer Darstellung hielt Johannes der Täufer Herodes Antipas um 28 n. Chr. den doppelten Ehebruch öffentlich vor, worauf Johannes verhaftet, in der Grenzfestung Macharärus (40 km östlich des Toten Meers) in den Kerker geworfen und später auf Veranlassung der Herodias und ihrer Tochter Salome enthauptet wurde. Der jüdische Historiker Flavius Josephus erwähnt in seinem Bericht über die Hinrichtung Johannes des Täufers (Antiquitates 18, 116–119) allerdings nichts von einer Kritik des Täufers an der Ehe von Antipas mit Herodias. Er nennt vielmehr politische Motive für die Verhaftung des Täufers: die Verhinderung einer geplanten Rebellion. – Herodes Antipas ging auf Betreiben von Herodias 39 n. Chr. nach Rom, um von Caligula den Königstitel zu erhalten, wurde jedoch aufgrund von schweren Anklagen, die sein Neffe und Schwager Herodes Agrippa I. gegen ihn vorgebracht hatte, nach Südgallien, an den Fuss der Pyrenäen, verbannt. Herodias ging aus Liebe mit ihm. In den Pyrenäen verschwanden beide aus der Geschichte und das Reich von Antipas wurde mit dem Gebiet des Herodes Agrippa I vereinigt.

Im Testament von Herodes wurde auch Philippos II, der Sohn, den die Jerusalmerin Kleopatra ihm in seiner sechsten Ehe geboren hat, ein Herrschaftsgebiet vermacht. Auch Philippos erhielt seine Erziehung mit Archelaos und Antipas in Rom. Man darf ihn nicht verwechseln mit seinem Halbbruder gleichen Namens, der eigentlich Herodes Boethos hiess und der erste Ehemann von Herodias war, die ihm die Tochter Salome schenkte. Philippos war verheiratet mit eben dieser Salome, einer Nichte und Urenkelin von H I, die wegen ihrer Beteiligung an der Hinrichtung Johannes des Täufers berüchtigte Tochter der Herodias. Ihre Ehe blieb aber kinderlos. – Das Herrschaftsgebiet von Philippos war zwar flächenmässig ziemlich gross, aber wirtschaftlich am unbedeutendsten. Wenn man den heutigen Begriff »Bruttosozialprodukt« verwenden würde, waren es kaum 10 ganzen Herrschaftsgebiete. Sein Gebiet umfasste Gaulantis (Golan), Trachontis, Aurentis, Ituräa: Landstriche, die von Norden (Quelle des Jordan) bis weit nach Südosten in die Wüste hineinreichten. Nach seiner Regierungsübernahme 4 v. Chr. baute Philippos die an der Quelle des Jordan liegende Stadt Paneas aus und gab ihr zu Ehren des Kaisers Tiberius den Namen Caesa-rea Philippi. Den im Norden des Sees Genezareth gelegenen Flecken Bethsaida, aus dem übrigens Simon Petrus und Andreas stammen, erhob er in den Rang einer Stadt, verschaffte den Einwohnern Hilfsquellen und nannte sie »Julias« nach Julia, der Tochter der Augustus. – In seiner Würdigung der langen Regierungszeit des Philippos zeichnet der jüdische Geschichtsschreiber Flavius Jo-sephus von Philippos das Bild eines uneitln, in sich ruhenden Menschen, der seine Verantwortung ernst nahm: »Er war seinen Untertanen ein milder Herrscher ruhigen Gemütes und verbrachte sein ganzes Leben in seinem eigenen Lande. So oft er sich aus seinem Hause begab, nahm er nur wenige Auserlesene mit und liess sich den Thronsessel, von dem aus er Recht sprach, auf allen We-gen nachtragen. Begegnete ihm dann jemand, der Hilfe und Beistand begehrte, so wurde der Sessel sogleich aufgestellt, und nun hielt er Untersuchungen ab, bestrafte die Schuldigen und sprach die unschuldig Angeklagten frei.« (Altertümer, XVIII 4,6) Nach Josephus starb Philippos in Julias und wurde mit grossem Prunk beigesetzt. Die Tetrarchie des Philippos wurde nach seinem Tod (34 n. Chr.) zunächst von Kaiser Tiberius der Provinz Syrien zugeschlagen. Später (37 n. Chr.)

erhielt sein Verwandter, Herodes Agrippa I. das Gebiet von Kaiser Caligula zurück. – Seine Witwe Salome verheiratete sich mit Aristobulos, dem Sohn des Herodes von Chalkis, einem Enkel von H I, der später König von Kleinarmenien wurde und dem sie drei Söhne gebar (Vgl. https://de.wikipedia.org/wiki/Herodes_Philippos).

Auch **Salome** (65 v. Chr. bis 10 n. Chr.), die einzige Schwester von Herodes dem Grossen, wurde in dessen Testament berücksichtigt. Sie erhielt den Bezirk Jamnia (südlich des heutigen Tel Aviv) mit den Städten Azotas, Phasaelis und Archelais, sowie den Königspalast von Askalon, der nur knapp nördlich des heutigen Gazastreifens liegt. Aus diesen Vermächtnissen bezog sie jährlich eine Pension von sechzig Talenten. Salome war während der ganzen Regierungszeit ihres Bruders die wohl berüchtigtste Frau am Hof. Sie nützte die Angst ihres Bruders vor dem Verlust seiner Macht an Mitglieder der eigenen Dynastie schamlos aus. Als sozusagen professionelle Intrigantin hatte sie wesentlichen Anteil an den vielen Hinrichtungen von Herodianern (Vgl. Favius Josephus, Jüdische Altertümer Bde. 14–16).

Damit ist die politische Geschichte Palästinas im 1. vor- und im 1. nachchristlichen Jahrhundert, was das politisch Grosse betrifft im Wesentlichen rekonstruiert, die Zeit also, in die Jesus hineingeboren wurde. Die innerjüdischen grossen sozialen Unterschiede und die gewaltigen religiösen Differenzen sind dabei allerdings noch gar nicht zur Sprache gekommen.

6
Jesus 1: Die Jahre 5/6 v. Chr. bis 28 n. Chr.

Gemäss Lukas kam der Engel Gabriel im sechsten Monat (das ist im religiösen jüdischen Mondkalender der Elul und dauert von Mitte August bis Mitte September) in die von den Evangelien phantasierte Stadt Nazareth und verkündete Maria, dass sie einen Sohn gebären werde, dem sie den Namen Jesus geben solle. Da Maria sagte, dass sie bisher noch nie einen Mann anerkannt habe, erwiderte der Engel: »Der Heilige Geist wird über ich kommen ... und dich überschatten.« (Lukas 1, 26–37) (In Wahrheit war der Heilige Geist, der über Maria gekommen war und sie in Jerusalem überschattete, der Tempelpriester Zebedäus, der mit Marias Schwester verheiratet war.) Wenn Maria im Elul vom »Heiligen Geist« empfangen hatte, wäre Jesus im Monat Nisan des Folgejahres geboren worden, also zwischen Mitte März und Mitte April des Jahres 5/6 v. Chr. Acht Tage später wurde er im Jerusalemer Tempel beschnitten. Dass Maria und Joseph nicht wussten, was aus ihrem Sprössling einmal werden würde, wurde schon gesagt. Alles, was die Evangelien darüber sagen, ist aus der Retrospektive der Jahre 28 bis 33 n. Chr. fiktional rekonstruiert.

Gemäss Lukas (2,41–50) ging der 12-jährige Jesus, der die Thora längst intus hatte, mit einer Gesellschaft, zu der auch seine Mutter, Joseph und seine Geschwister gehörten, zum Pessachfest in den Jerusalemer Tempel. Auf dem Heimweg bemerkte Maria und Joseph, dass ihr *Erst*geborener fehlte. Als die Gesellschaft nach Jerusalem zurückkehrte, fanden sie ihn im Tempel, vertieft in ein Gespräch mit den dortigen Schriftgelehrten. Als ihn Maria rügte, »Warum hast du uns das angetan?«, antwortete Jesus: »Wusstet ihr nicht, dass ich im Hause meines Vaters sein muss?« Maria und Joseph verstanden ihn nicht. Doch damit meinte er, dass für ihn allein der Wille des Vaters bestimmend sei, vor dem Joseph und seine Mutter Maria unbedingt zurücktreten müssten. Das ist das Zeichen für die beginnende Emanzipation Jesu von seiner pharisäischen, die Herrschaft der Römer akzeptierenden Familie. Und die Differenzen zu seinem Ursprung verschärfen sich in der Folgezeit mehr und mehr, bis er anlässlich der Hochzeit zu Kana seine Mutter nicht einmal mehr kannte (Johannes, 2,1ff).

Schon vor dem sechszehnten Lebensjahr (21 n. Chr.) verliess er seine Familie endgültig und ging in die Wüste, um vierzig Tage lang nachzudenken über den Sinn seines Lebens. Diese Sinnfrage ist in den Evangelien präsentiert in Form von Versuchungen durch den Teufel: »Wenn du mich anbetest, gebe ich dir die Macht über alle Länder der Erde mit samt ihrem unermesslichen Reichtum.« Für Jesus sind aber Macht und Reichtum keine erstrebenswerten Werte. »Und wenn du dich von der Zinne des Tempels stürzest: Wird dich dein Gott retten?« Jesus antwortet: »Die Schrift sagt: Du sollst den Herrn, deinen Gott nicht auf die Probe stellen.« (Matthäus Kap. 4 und Lukas, Kap. 4)

Nach dem ihn kaum erschütternden Gespräch mit dem »Teufel« wurde für Jesus immer klarer, dass es in seinem Leben um Gerechtigkeit gehen muss, sozial und politisch. Deshalb suchte er ein Gemeinwesen, in dem Gerechtigkeit bereits einen hohen Stellenwert hatte. Und er fand es in einer Essenergemeinde über dem Nordende des Toten Meers, an einem Ort, der sich heute Kirbit Qumran nennt.

Die römischen Schriftsteller Plinius (Historia Naturalis, 5) und Philo (Quod omnis probus liber sit, XII–XIII) beschreiben die Essener als zölibatär lebende Eremiten, die kein Interesse an Politik gehabt hätten, die friedlich unter ihren Palmen lebten und von Herodes sehr geschätzt worden seien. Diese beiden Historiker orientierten sich wohl ausschliesslich an den Essenern von En Gedi, welches etwa fünfundfünfzig Kilometer südlich von Qumran direkt am Toten Meer liegt und heute ein Touristenort ist.

Flavius Josephus (Geschichte des Jüdischen Krieges, 2, 8. Kap.) sagt aber, dass es einen zweiten Zweig von Essenern gegeben habe, der in Sitten und Gebräuchen dem anderen Zweig sehr ähnlich gewesen sei, hingegen in der Auffassung der Ehe hätten sie sich vom anderen Zweig unterschieden (In Qumran fand man Frauen- und Kindergräber.). Sie hätten Annehmlichkeiten und Reichtum verachtet und hätten alles gemeinsam besessen. Wer sich ihnen anschliessen wollte, habe dem Privateigentum entsagen müssen. Sie hätten ihre Führer aus den eigenen Reihen gewählt und hätten Niederlassungen in allen Städten Palästinas gehabt, hätten aber Distanz zum Rest der der dortigen Bevölkerung gehalten. Wer sich ihnen anschliessen wollte, habe eine dreijährige Probezeit bestehen müssen, um als volles Mitglied der Gemeinde aufgenommen zu werden. Sie hätten vor Sonnenaufgang gebetet und dann fünf Stunden gearbeitet, dann hätten sie ein Bad genommen und sich in ein sauberes Leinentuch gekleidet, um in einem grossen Saal gemeinsam ein Mahl zu sich zu nehmen, das nicht vegetarisch sein musste. (Sie haben ja die Ziegen und Schafe, deren nicht gegerbtes Leder sie für die Schriftrollen brauchten, nicht alle geopfert.)

Was Josephus zunächst nicht sagt: Die Gemeinde von Qumran war politisch keineswegs neutral, sondern äusserst engagiert. Sie wollte wie später die Zeloten und Iskarier der Festung Masadanichts weniger, als die Römer, die sie »Kittim« nannten, aus Palästina vertreiben und das Königreich Davids wiederherstellen. Das ist sicher der Grund dafür, dass Herodes der Grosse schon in seinem ersten Regierungsjahr, 37 v. Chr., auf Bitten der mit Rom verbandelten Oberschicht Jerusalems Qumran zerstörte. Es blieb unbewohnt bis Herodes 4 v. Chr. starb. Genau in diesem Jahr wurde mit dem Wiederaufbau begonnen.

Als Jesus etwa im Jahr 21 oder 22 n. Chr. nach Qumran kam, erfuhr er, dass Johannes der Täufer hier lebt, aber gerade bei Bethanien (Päera) sei, wo er am linken Jordanufer taufe. (Das peräische Bethanie ist nicht zu verwechseln mit der judaistischen Stadt gleichen Namens, die etwa drei Kilometer östlich von Jerusalem lag; dort wird Jesus sein Abendmahl feiern.) Die Distanz vom judaistischen Qumran bis zur Taufstelle, die etwa vier Kilometer nördlich der Jordanmündung ins Tote Meer liegt, beträgt etwa acht Kilometer. Dass die Stelle, wo Johannes taufte in unmittelbarer Nähe von Bethanien lag, verbürgt zum Beispiel Origenes (185–254 n. Chr.).

Am selben Tag kamen Agenten der Pharisäer zu Johannes, um ihn auszuhorchen. Sie fragten ihn, wer er sei. Johannes soll gesagt haben, dass er kein Prophet und schon gar nicht der Messias sei (Das Wort »Messias« bedeutet so viel wie »Gesalbter«, ein Titel, der nur an Könige und höchste religiöse Führer verliehen worden ist). Er sei die Stimme eines Rufers in der Wüste, der den Weg ebne für den Herrn. »Mitten unter euch stehe einer, den ihr nicht kennt, der nach mir kommt und mir voraus ist, weil er vor mir war. Er taufe im Jordan, damit er, der kommen wird, Israel offenbar werde. Er sei nicht würdig, seine Schuhriemen zu lösen (Johannes, 1, 19ff.).«

Am Tag darauf ging Jesus von Qumran an die Stelle, wo Johannes taufte. Die beiden kannten sich nicht. Doch die Aura, die Jesus ausstrahlte, war so übermächtig, dass für Johannes sofort klar war: »Er ist es, von dem ich gesagt habe, er werde nach mir kommen, obwohl er vor mir war. Ich taufe, damit er in Israel offenbar werde. Er ist der Sohn Gottes.« (Johannes, 1. 25)

Jesus hätte das letztlich von Paulus stammende Prädikat » ... ist der Sohn Gottes« weit von sich gewiesen, ja, er hätte diese Kennzeichnung als unüberbietbare Blasphemie verstanden, als grösstmögliche Lästerung seines jüdischen Gottes.

Als Johannes sagte, dass er nicht würdig sei, Jesus zu taufen, insistierte dieser, von ihm getauft zu werden. Und Johannes taufte ihn. Dann lebten sie beide bis 28 n. Chr., also nahezu sieben Jahre zusammen in Qumran. Diese Jahre waren die wichtigsten der Gemeinde. Dort wurde Jesus zum »Lehrer der Gerechtigkeit« und »Zaddik«, der Führer der Gemeinde.

7

Die Entdeckung der Rollen in Qumran

Kirbit Qumran liegt im durch die israelische Armee kontrollierten Westjordanland auf einer weissen Mergelterrasse, etwa zwei Kilometer vom Toten Meer entfernt und siebenundneunzig Meter darüber. Das Auffälligste, das man heute sieht, ist ein Verteidigungsturm mit dicken Mauern, von dem noch zwei Stockwerke erhalten sind. Daneben liegen Zisternen, die Wasserkanäle miteinander verbinden und der Gemeinde zu Waschungen und als Wasserspeicher dienten. Etwas tiefer auf dem Plateau liegt ein Friedhof mit etwa tausendzweihundert Gräbern, in denen auch Kinder- und Frauenskelette gefunden wurden. Etwa zehn Minuten zu Fuss liegt der mit einem Stacheldraht geschützte Kibbuz Kalia mit zwei Schulen und einem grossen Speisesaal. Neben dem Kibbuz weiden Beduinen immer noch ihre Kamele, Schafe und Ziegen.[2] Der Verteidigungsturm wurde wahrscheinlich im Rahmen des Wiederaufbaus ab 4 v. Chr. gebaut. Herodes der Grosse hatte den Ort 37 v. Chr. so gründlich zerstört, dass Verteidigungsmassnahmen nun eine gewisse Priorität hatten.

Als Frühjahr 1947 die Schriftrollen vom Toten Meer gefunden wurden, gehörte Qumran zum Gebiet des britischen Mandats Palästina. Auf der anderen Seite des Toten Meer lag das haschemitische Königreich Transjordanien, das 1946 vom Vereinigten Königreich unabhängig wurde.

Die Entdeckung der Rollen wird dem Beduinenjungen Muhammad adh-Dhib vom Stamm Ta'amireh zugeschrieben, der in den Felsen von Qumran herumkletterte, um nach einer entlaufenen Ziege zu suchen. Dann sah er plötzlich eine Öffnung im Felsen über sich. Da er nicht hineinsehen konnte, warf er einen Stein hinein und hörte das Scheppern von zerbrechendem Ton. Er kletterte hinauf und sah in eine Höhle, die etwa zwei Meter breit, ziemlich hoch und mehr als sieben Meter lang war. Muhammad bekam es mit der Angst zu tun, kehrte aber anderen Tags mit zwei Freunden zurück, um den Inhalt der Höhle genauer zu inspizieren. Darin befanden sich etliche Tongefässe, die etwa sechzig Zentimeter hoch und etwa fünfundzwanzig Zentimeter breit waren. Zum Teil waren sie zerbrochen, acht von ihnen sollen aber unversehrt gewesen sein; und einige von diesen sollen mit Deckeln verschlossen gewesen sein, die an Schüsseln erinnern. In der folgenden Woche entdeckten die Beduinen in der Höhle noch vier weitere Rollen, die sie, allmählich ahnend, dass es sich um etwas Wertvolles handeln könnte. Sie nahmen zwei der Tongefässe nach Hause und brachten sie zu einem Scheich, der sie an einen Antiquitäten- und Trödelhändler alias Kando verwies. Dieser gehörte zur syrischen Jakobitenkirche und wandte sich an den Jerusalemer Gorge Isaiah, der derselben Kirche angehörte. Die beiden begaben sich sofort nach Qumran und nahmen etliche Rollen und Bruchstücke an sich, um sie auf dem Schwarzmarkt zu verhökern, was selbstverständlich illegal war. Gemäss dem Recht im britischen Mandat Palästina, an das sich auch Israel und Jordanien hielten, wäre es Pflicht gewesen, alle archäologischen Funde dem Archäologischen Museum von Palästina, das im Rockefeller-Museum im arabischen Teil Jerusalems untergebracht war, zu überstellen. Gorge Isaiah nahm Kontakt auf mit dem syrischen Metropoliten in Jerusalem, Athanasius Jeshua Samuel, der in seinem Kloster St. Markus, das ebenfalls im arabischen Ostteil Jerusalems lag, eine berühmte Sammlung alter Texte verwahrte. Samuel hatte aber nicht genügend Kenntnisse des Hebräischen, um die Bedeutung der Manuskripte zu würdigen, aber durchaus eine Ahnung, dass diese wirklich bedeutend sein könnten. So bat er Kando und Isaiah mit den drei Beduinen, die die Rollen gefunden hatten, ein Treffen in seinem Kloster zu vereinbaren. Als die Beduinen vor dem Kloster standen, hatten sie sechs bis acht Rollen bei sich: Drei, die sie selbst gefunden hatten, und die, die Kando und Isaiah später noch mitlaufen liessen. Doch das Treffen kam nie zustande, weil der uneingeweihte Pförtner die unrasierten und verlumpten Beduinen wieder wegschickte. Damit war Samuel für die Beduinen erledigt. Einer verkaufte seine drei Rollen an den Muslimischen Scheich in Bethlehem. Und Kando konnte die vier Rollen, die er dem Metropoliten überlassen hatte, von diesem nicht mehr zurückkaufen. Man glaubte anfangs, dass es fünf Rollen zu sein, es waren aber nur vier, weil eine in zwei Hälften zerbrochen war: die etwa acht Meter lange Abschrift des Buches Jesaia, dazu eine »apokryphe Genesis«, ein Kommentar des »Buches Habakuk« (Habakuk-Pesher) und die sogenannte »Gemeinderegel«. Auf Veranlassung des Metropoliten Samuel sollen Isaiah und ein Priester des Klosters St. Markus nachts, denn es war illegal, in der bisher als einzigen entdeckten Höhle weiter gegraben und weitere Rollen gefunden haben, die aber niemals einem Wissenschaftler zu Gesicht gekommen sind.

Sukenik, der Leiter der archäologischen Abteilung der Hebräischen Universität Jerusalem wollte dem Metropoliten seine vier Rollen abkaufen, der Deal kam aber nicht zustande, weil Samuel inzwischen Kontakt mit amerikanischen Wissenschaftlern aufgenommen hatte. Er liess seine Rollen durch diese fotografieren und hat dabei auch erfahren, dass in den USA viel höhere Preise zu erzielen seien. Sofort kontaktierte der Metropolit das Albright Institut, das amerikanische Institut zur Erforschung des Orients in Jerusalem. Und dieses schickte eine Kopie der vier Rollen an William F. Albright an der Johns-Hopkins-Universität. In seiner Antwort teilte dieser mit, dass die entdeckten Schriftrollen von höchster Bedeutung seien, ja der bedeutendste Handschriftenfund der Neuzeit sei. Er vermute, dass die Abfassungszeit um 100 v. Chr.

anzusetzen sei, und dass es keine Zweifel an der Echtheit der Handschriften gebe.

Im April 1948 erschien in der Times unter dem Titel »Alte Handschriften in Palastina gefunden« eine Pressemitteilung der Yale University, die aber sehr verhalten war, weil man nicht wollte, dass Qumran von Schwärmen von Amateuren durchgegraben wird. Man schrieb einfach, die Schriftrollen seien in der der Klosterbibliothek des Metropoliten Samuel in Jerusalem gefunden worden. Es handle sich um die älteste bekannte Handschrift des Buches Jesaia, um einen Kommentar zum Buch Habakuk (der sicher nicht um 100 v. Chr., sondern zwischen 40 und 62 n. Chr. entstanden ist), um einen Kanon einer relativ unbekannten Sekte, möglicherweise der Essener (Die Gemeinderegel). Der vierte Text sei noch nicht identifiziert (, er ist eine »apokryphe Genesis«).[4]

Am 14. Mai 1948 erklärte der Rat des jüdischen Volkes in Tel Aviv die Unabhängigkeit des Staates Israel. Noch in derselben Nacht bombardierte Ägypten die Stadt. Dann marschierten Truppen aus Saudi-Arabien, Ägypten, Transjordanien, Syrien, dem Irak und dem Libanon in Israel ein. Die Kämpfe dauerten acht Monate. Anfangs Januar 1949 kam es zu einem Waffenstillstand: Der grösste Teil dessen, was einmal Palästina war, wurde Transjordanien zugeteilt, das sich noch im selben Jahr Jordanien nannte, weil Trans- jetzt keinen Sinn mehr hatte. Das ganze Gebiet zwischen Qumran und dem arabischen Osten Jerusalems war ja nun jordanisch.[5]

Es waren nun mehr als anderthalb Jahre seit der Entdeckung der Rollen von Qumran vergangen und noch immer war kein Archäologe vor Ort. Doch nun begann sich im Januar 1949 der Direktor des Amtes für Altertümer von Jordanien und des arabischen Palästina, Lankester Harding, vehement für die Rollen zu interessieren, ebenso der Dominikanerpater Roland De Vaux, seit 1945 Direktor der Ecole Biblique, die im jordanischen Teil Jerusalems domiziliert und seit sechzig Jahren das Zentrum der französischen katholischen Bibelforschung war.

Dazu kam der Belgier Philippe Lippens, der von den Rollen gehört hatte und nun De Vaux, der bisher wenig von der Bedeutung der Rollen gehalten hatte, fragte, ob er, De Vaux, bei späteren Ausgrabungen als technischer Leiter agieren würde, wenn er, Lippens, die Höhle fände, in der die Rollen entdeckt worden waren. Gleichzeitig versicherte sich Lippens auch der Unterstützung von Lankaster Harding in Amman. Harding schickte einen britischen Offizier von der arabischen Legion in Jordanien mit dem Auftrag, die Höhle in Qumran zu suchen. Dieser nahm zwei Beduinen mit, die in seiner Legion Dienst taten. Am 28. Januar fanden sie die Höhle. Im Februar besichtigten dann Harding und De Vaux die Höhle gemeinsam. Sie fanden Scherben, die wohl über vierzig Tongefässe ergeben hätten, dazu Überreste von dreissig identifizierbaren Texten und viele Fragmente, die dies noch nicht waren. Zwei Wochen später war die erste archäologische Expedition schon in Qumran.[6]

In den Jahren danach wurden die Schriftrollen zu einem intransparenten riesigen lukrativen Geschäft. Der Boulevard stellte alles, was irgendwie nach altem Pergament aussah, als äusserst wertvoll dar, sodass die arabischen Händler nichts mehr unter hundert Pfund aus der Hand gaben. Und als in jordanischen Radio gemeldet wurde, dass der Metropolit Samuel für seine vier Rollen von den USA eine Million Dollar verlangt habe, befürchtete man, dass die Rollen nicht nur für Privatsammlungen, sondern auch als Geldanlage gekauft würden. Im selben Mass, wie der Schwarzmarkt blühte, erhöhte sich auch die Gefahr, dass unschätzbar wertvolles Material der Wissenschaft und über sie der Menschheit unwiederbringlich entzogen werden könnte. Gerald Lankaster Harding vom jordanischen Amt für Altertümer hielt es für seine Pflicht, etwas dagegen zu unternehmen. Die Legalität seiner Handlungen war ihm weniger wichtig als die Rettung möglichst vieler Rollen und Fragmente, und er kaufte alles, dessen er habhaft werden konnte. Dazu musste er den Beduinenstamm der Ta'amireh und ihren wichtigsten Mittelsmann, den Antiquitätenhändler Kando hinter sich bringen.

Seine Mittelmänner waren angewiesen, bei ihren Verhandlungen und Transaktionen alle Fragen der Legalität und auch des Preises (bis zu einer bestimmten Höhe) ausser Acht zu lassen. Die Ta'amireh erhielten Vorrechte zur Ausbeutung »ihrer« Höhle und Polizeigewalt, um andere Stämme davon abzuhalten, sich am Run auf die Rollen zu beteiligen. Alles, was die Ta'amireh finden sollten, hatten sie zu Kando zu bringen, der sie dafür reichlich entlohnen werde. Kando seinerseits hatte das Material dann Harding zu bringen, um von ihm entsprechend bezahlt zu werden.[7]

Im Herbst 1951 kamen Ta'amireh-Beduinen ins Rockefeller-Museum mit Fragmenten einer Schriftrolle von einem neuen Fundort. Da De Vaux nicht anwesend war, verlangten sie den Direktor des Museums, Joseph Saad. Als dieser zum fraglichen Ort gebracht werden wollte, zogen sich die Beduinen zurück und kamen nicht wieder. Saad verschaffte sich einen Jeep, eine Vollmacht und ein paar bewaffnete Männer. Am nächsten Morgen fuhr er nach Bethlehem, wo das nächstliegende Lager der Ta'amireh war. Schon bei der Einfahrt in die Stadt sah er einen der Männer, die am Vortag bei ihm waren. Er rief den Mann zu sich und wollte genauere Informationen über die Höhle. Der Beduine wollte fliehen, doch die Soldaten warfen ihn hinten auf den Jeep und brausten Richtung Totes Meer zum Wadi Ta'amireh.[9] Als der Beduine kapierte, dass er gekidnappt war, war er zur Zusammenarbeit bereit. Unterwegs hatte Saad noch Verstärkung von einem Polizeiposten erhalten. Als das Gelände im Wadi für den Jeep unpassierbar wurde, gingen sie zu Fuss weiter. Nach einem siebenstündigen Marsch kamen sie in ein Wadi mit hochaufragenden Felsen, unter denen sie zwei Höhlen ausmachen liessen. Dort waren die Beduinen schon an der Arbeit und rafften zusammen, was sie konnten. Als Saads Soldaten in die Luft feuerten, flüchteten sie. Eine der beiden Höhlen, auf die die Soldaten stiessen, war riesig, etwa sieben Meter breit, fünf Meter hoch und erstreckte sich fünfzig Meter in den Felsen hinein. Saads Expedition führte letztlich zur Entdeckung von vier Höhlen im Wadi Murabba'at rund fünfunddreissig Kilometer (nicht nur fünfzehn, wie Baigent/Leigh schreiben) südlich von Qumran und etwa vier Kilometer westlich des Toten Meers. Das Material aus dem Wadi, aus dem Simeon Bar Kochba stammt, liess sich leichter datieren und identifizieren. Es stammt aus der Zeit des judaistischen Aufstandes unter Simeon zwischen 132 und 135 n. Chr. Es enthielt zwei von Bar Kochba selbst unterzeichnete Briefe und neue Fakten über Logistik, Wirtschaft und die Verwaltung der sich gegen Rom Erhebenden. Ihr Aufstand wäre fast erfolgreich gewesen, denn Simeon eroberte Jerusalem von den Römern und hielt die Stadt beinahe zwei Jahre. Gemäss Robert Eisenman knüpfte diese Erhebung direkt an den Aufstand von 66 n. Chr. an. Beide Ereignisse wurden von denselben Gruppen getragen, die dieselben Grundsätze vertraten und die vielleicht auch die Grundsätze von Jesus waren.[8]

Ab 1952 wurde die Qmranforschung endlich wissenschaftlich betrieben. De Vaux von der Ecole Biblique in Ostjerusalem und Lankester Harding begannen in Qumran mit Ausgabungen die bis 1956 dauerten. Sie gruben zunächst einen Gebäudekomplex frei, der, wie Plinus der Ältere (23/24 bis 79 n. Chr.) in seiner »Historia Naturalis« V sagt, zur »Essener-Gemeinde« gehörte, die De Vaux als Gemeinde von Qumran identifizierte, obwohl Plinius sicher die Essener-Gemeinde über En Gedi beschrieben hat.[9] De Vaux wollte nun die Beduinen unter seiner Kontrolle haben und begann im März mit drei Mitarbeitern von der Ecole und Willam Reed, dem neuen Direktor des Albright Instituts in Ostjerusalem auf die Suche nach weiteren Höhlen in Qumran. Unterstützt wurden sie von einer Gruppe von vierundzwanzig Beduinen, die unter der Kontrolle von jordanischen und palästinensischen Archäologen standen. Doch die Beduinen, die in den steilen Felsen herumkletterten, liessen sich nicht kontrollieren und verheimlichten mehrere Höhlen, die sie gefunden hatten, ebenso mindestens eine Rolle. Diese Verheimlichungen durch die Beduinen hatte zur Folge, dass viele Rollen erst viel später gefunden wurden. Im Laufe der ganzen Arbeit wurden etwa acht Kilometer Felswand untersucht. In der Karte, die nach der Expedition erstellt wurde, waren vierzig Fundstellen vermerkt. Die Scherben, die man dabei gefunden hatte, hätten über hundert Gefässe ergeben. Kurz vor Abschluss des Unternehmens fand ein Forscherteam in der später als Höhle 3 bezifferten Höhle zwei Fragmente einer Rolle aus Kupferblech, die durch Oxidation so brüchig geworden war, dass sie nicht entrollt werden konnte. Die Rolle musste in einem Labor durch einen Fachmann aufgeschnitten werden. Es dauerte mehr als drei Jahre, bis sie jordanischen Behörden die Erlaubnis dazu erteilten. Diese Arbeit wurde dann in Manchester unter der Aufsicht von John Allegro, der zum Team von De Vaux gehörte, vorgenommen. Die erste Hälfte war im Sommer 1955, die zweite Anfang 1956 für das Aufschneiden vorbereitet. Sie enthielt das Inventar des Tempelschatzes von Jerusalem, unter anderem fünfundsechzig Tonnen Silber und etwa sechsundzwanzig Tonnen Gold. Die Rolle enthielt aber auch eine Liste der Orte, an denen die Schätze versteckt wurden. Ein Beispiel von John Allegro: »Inventarnummer 7: In der Höhlung des Tributs auf der Ebene der Kette: fünfundsechzig Goldbarren.« Leider sagen uns diese Ortsangaben nach zweitausend Jahre Geschichte nichts mehr. Niemand konnte bis heute eines der vielen Verstecke finden.[12] Baigent/Leigh datieren die Erstellung der Rolle zwischen dem jüdischen Aufstand gegen Rom von 66 n. Chr. und der römischen Invasion von 72 n. Chr. Das scheint mir etwas voreilig zu sein. Denn Invasoren waren die Römer für die Juden am Toten Meer schon seit 63 v. Chr. Sie planten schon lange, spätestens nach der Hinrichtung des Täufers einen Aufstand gegen Rom. Sie wollten die Kittim aus dem Land werfen und das Königreich Davids wiederherstellen. Die Tempelrolle könnte also schon 28 n. Chr. geschrieben worden sein.

Ein halbes Jahr nach der Entdeckung der »Kupferrolle« wurden im Herbst 1952 von De Vaux und Harding mit Hilfe der Beduinen weitere Schriftrollen gefunden, in der sogenannten Höhle 4, die ganz in der Nähe der Ruinen von Qumran liegt. Es war der bedeutendste Fund überhaupt. Die Fragmente zu sammeln und zu ordnen, dauerte bis 1959. Die Arbeit wurde in einem grossen Saal des Rockefeller-Museums vorgenommen, das John D. Rockefeller in den Dreissigerjahren finanziert hatte. 1948 nach dem Ende des britischen Palästinamandats gehörte das Museum einer Treuhandgesellschaft, in deren Verwaltungsrat Vertreter verschiedener ausländischer archäologischer Institute in Jerusalem sassen, etwa von der französischen Ecole Biblique, vom amerikanischen Albright Institute und der Britischen Gesellschaft zur Erforschung Palästinas. Doch 1956 wurden die Rollen aus dem Museum entfernt und in Kisten verpackt in einer Bank in Amman gelagert und kehrten erst im Frühjahr 1957 nach Jerusalem zurück. 1966 wurde das Rockefeller Museum mit allen Schriftrollen von der Jordanischen Regierung verstaatlicht. 1967 wurde das Museum im Rahmen des Sechs-Tage-Kriegs von israelischen Truppen besetzt.[13]

Yigael Yadin (1917–1984), der von 1949 bis 1952 Stabschef der israelischen Verteidigungskräfte war, studierte nach seinem Rücktritt an der Hebräischen Universität Archäologie und promovierte 1955 mit einer Arbeit über die Schriftrollen vom Toten Meer. Schon 1954 hatte er anlässlich eines Vortags an der John-Hopkins-Universität William F. Albright gefragt, warum die Amerikaner nur drei der vier Rollenphotographien des Metropoliten Samuel als Faksimile-Drucke veröffentlicht hätten. Albright sagte, dass Samuel alle vier Rollen verkaufen wolle, doch nur unter der Bedingung, dass auch die vierte veröffentlicht werde. Ein amerikanischer Bankier war dann bereit, dafür 250.000 Dollar zu zahlen. Eine Pressemitteilung enthüllte Mitte Februar 1955, dass Israel vier Rollenphotographien des Metropoliten gekauft habe. Sie wurden dann zusammen mit den von Sukenik erworbenen Schriftrollen im eigens zu diesem Zweck erbauten israelischen »Schrein des Buches« aufbewahrt.[14]

Yigael Yadin, der wohl bedeutendste jüdische Gelehrte im Bereich der biblischen Archäologie und Schriftrollenforschung, sagte in einem

Interview von 1968, dass er Kenntnisse davon gehabt habe, dass es noch andere Rollen gebe und dass Kando, der schon beim ersten Fund mitgemischt habe, wisse, wo sie sich befänden. Deshalb habe er einige Mitarbeiter der Hebräischen Universität mit drei Offizieren zu Kando nach Bethlehem geschickt. Dieser sei bewacht nach Tel Aviv gebracht und dort fünf Tage lang intensiv verhört worden. Dann habe Kando sie zu sich nach Hause geführt und ihnen de Rolle gezeigt, die er sechs Jahre lang versteckt hatte. Diese Rolle erwies sich als sehr bedeutender Fund: Sie war nämlich die »Tempelrolle«, eine verborgene Thora aus Qumran, die 1977 erstmals veröffentlicht wurde. Später hat Yadin, der auch Führer der »Demokratischen Bewegung für den Wandel« und bis 1981 deren Abgeordneter in der Knesset war, hat auch ein Buch über die Tempelrolle geschrieben, die er für den wichtigsten Fund in den Höhlen Qumrans hielt. Es ist 1985 ein Jahr nach seinem Tod unter dem Titel »The Tempelscroll«, deutsch: »Die TempelrolleDie verborgene Thora vom Tote Meer« veröffentlicht worden. Das Buch, das ein zutiefst jüdisches Werk, das die gängige Auffassung der Entstehung des Christentums radikal in Frage stellt. »Die Tempelrolle« enthält Gebote Moses, die im kanonischen Alten Testament nicht enthalten sind, den kompletten Entwurf eines idealen, anti-herodianischen Tempels von Jerusalem sowie die kanonische Thora ergänzende Gebote des essenischen »Meisters der Gerechtigkeit«.

Als der Antisemit De Vaux, der noch nie einen Juden an den Rollen arbeiten liess, vom ‹Handel› Yadins mit Kando erfuhr, war er nicht nur empört, sondern wurde rot vor Wut, beschimpfte alle Juden als Nazis, obwohl er früher selbst mit diesen sympathisierte. Er befürchtete, dass nun alle Rollen aus dem Rockefeller Museum entfernt und in den »Schrein des Buches« überführt werden könnten und dass er die Kontrolle über die Rollen an Yadin verlieren könnte. Seine Befürchtungen bewahrheiteten sich jedoch nicht. Yadin und der Direktor des Israelischen Amtes für Altertümer liessen alles beim Alten. De Vaux blieb verantwortlich für die Rollen, erhielt aber die Forderung deren Veröffentlichung zu beschleunigen. Dieser Forderung ist De Vaux aber nicht nachkommen, denn er war ein Meister des Verzögerns.[15]

8

Die Publikation der Schriftrollen vom Toten Meer durch deren Verwalter: ein unüberbietbarer wissenschaftlicher Skandal

Um diesem Skandal gerecht zu werden, halten wir uns vor allem an die einschlägigen Schriften des Amerikaner Robert Eisenman (geb. 1937), der den Verwaltern der Schriftrollen vom Toten Meer radikal widerspricht, ähnlich wie seine Schüler, der britisch-neuseeländischen Autoren Michael Baigent (1948–2017) und Richard Leigh (1943–2007). Mit ihrem Text »The Dead Sea Scrolls Deception« (1991), das deutsch unter dem Titel »Verschlusssache Jesus. Die Qumranrollen und die Wahrheit über das frühe Christentum« (1993) erschienen ist und es 1991/2 in die Spiegel-Bestsellerliste schaffte. Das Buch mag einige Fehler haben, jedenfalls wurde es von dem Vatikan nahestehenden Kritikern völlig zerrissen, was den Text gerade deshalb auch heute noch interessanter macht. Auch ist der Text von Baigent und Leigh der Einzige, der die Zeit von der Entdeckung der ersten Schriftrollen im Frühjahr 1947 bis 1949/52 minutiös und im Detail nachgezeichnet hat, was nur über viele Gespräche vor Ort möglich war. Gegenüber ihrem Mentor, Eisenman, hat aufgrund seiner wissenschaftlichen Seriosität noch niemand eine abschlägige Kritik gewagt, nicht einmal die Verwalter der Schriftrollen von Qumran.

Ich nenne, was die dem Vatikan verpflichtete Gruppe, die die Schriftrollen vom Toten Meer gesammelt und angeblich wissenschaftlich bearbeitet hat, mit voller Absicht Rollenverwalter, denn ihre Arbeit bestand im Wesentlichen im Entscheiden, was herausgegeben werden darf, vor allem aber, was nicht.

9
Roland De Vaux und die Arbeit
seines internationalen Teams

Da man 1952 in der Höhle 4 Qumrans gegen achthundert Schriftrollen gefunden hatte, bildete De Vaux, um dieses riesige Material zu bearbeiten, ein internationales Team von Wissenschaftlern. Jeder von ihnen hatte zu seiner Ausbildung passende Texte zu studieren, zu übersetzen und schliesslich in Form von Photographien zu veröffentlichen, natürlich unter der Ägide De Vaux'. Er war der Editor der massgeblichen Reihe von Veröffentlichungen, die die Oxford-University-Press in zahlreichen Bänden unter dem Titel »Discoveries in the Judaean Desert« nach und nach herausgegeben hat. Er blieb Leiter des Teams bis zu seinem Tod 1971. De Vaux, 1903 in Paris geboren, hatte von 1923 bis 1926 am Priesterseminar von Saint Sulpice in Paris unter anderem Aramäisch und Arabisch studiert und trat 1929 in den Dominikanerorden ein, der ihn an die Ecole Biblique nach Jerusalem schickte. Von 1945 bis 1965 war er Leiter dieses Instituts und zwischen 1934 und 1953 Editor der »Revue Biblique«, der Zeitschrift des Ecole. Er war eine äusserst eindrucksvolle Persönlichkeit, war ein starker Raucher, trug Vollbart, Brille und immer ein dunkles Barett und selbst bei Ausgrabungen die weisse Kutte. Er hatte sicher Charisma, war ein sehr guter Redner, der seine Sache publikumswirksam vertrat. Ein ehemaliger Kollege beschrieb ihn als guten Wissenschaftler, doch als weniger guten Archäologen.

Gemäss Micheal Baigent und Richard Leigh hat sich hinter dieser Fassade ein engstirniges, grobianisches und rachsüchtiges Wesen verborgen. Politisch gehörte er zu dem äussersten Rechten, der als junger Mann den »Blut-und-Boden-Kult« guthiess und mit den Diktaturen in Deutschland, Italien und dem Sieg Francos in Spanien sympathisierte. Da er primär praktizierender katholischer, dem Vatikan verbundener Mönch war, fehlte ihm die nötige Ausgewogenheit und Unparteilichkeit, um mit dem teils religiös höchst brisanten, ja explosiven Material aus Qumran angemessen umzugehen. Er war deshalb sicher nicht der geeignete Mann, um die Erforschung der Schriftrollen vom Toten Meer zu leiten.[16]

Da man allein in Höhle 4 über achthundert Schriftrollen und Fragmente fand, kontaktierte De Vaux die damals in Jerusalem tätigen archäologischen Institute, das britische, französische, amerikanische und deutsche mit der Bitte, geeignete Vertreter in sein Unternehmen zu schicken und es auch finanziell zu unterstützen. Israeli wurden vom Antisemiten De Vaux, der sich schon ärgerte, wenn sie in seine Vorlesungen kamen, nie kontaktiert, obwohl diese hervorragende Archäologen hatten.

Als erster kam 1953 **Frank Cross** (1921–2012), der für das presbyterianische theologische McGormick-Seminar in Chicago und für das Albright Institute in Jerusalem tätig war, ein amerikanischer Alt-Testamentler und Semitist, dem Kommentare zu den in Höhle 4 gefundenen Rollen des Alten Testaments zugeteilt wurden. Vergleichbares Material erhielt Monsignore **Patrick Skehan** (1908–1980), ein amerikanischer katholischer Priester, der an der katholischen Universität von Amerika semitische Sprachen studiert hatte und zur Zeit seines Engagements in De Vaux' Team Leiter des Albright Institute war. **Pater Jean Starcky** (1909–1988) kam von der Ecole Biblique in Frankreich. Weil er Experte für Aramäisch war, bearbeitete er die Texte, die in dieser Sprache geschrieben waren. **Claus-Hanno Hunzinger** (1929–) ein evangelischer Theologe kam vom deutschen Institut. Ihm wurde ein auf den Blick sehr sonderbarer, letztlich aber sehr wichtiger Text zugeteilt: die sogenannte »Kriegsrolle«. Hunzinger wurde, obwohl er zum Katholizismus konvertierte, aber schon bald wieder aus dem Team entfernt und wurde durch den französischen Pater **Maurice Baillet** ersetzt. Der nächste war Pater **Josef Milik** (1922–), ein vielsprachiger, in Frankreich lebender polnischer Priester, der ebenfalls von der Ecole Biblique kam. Sein Corpus umfasste neben anderem das äusserst wichtige »Sektenmaterial« das in engster Beziehung mit der Gemeinde von Qumran stand. Der Ausdruck »Sekte« ist ziemlich unangemessen: Die Qumraner mögen aus der Perspektive der Pharisäer und Sadduzäer Jerusalems eine Sekte gewesen sein, doch da sie in allen Städten Palästinas, auch in Jerusalem Ableger hatten, ist der Ausdruck Sekte ziemlich parteiisch. **John Marco Allegro** (1023–1988) wurde von den Briten ins Team von De Vaux' geschickt. Er war das einzige Mitglied der Gruppe, das keiner Religion angehörte und bezeichnete sich selbst als Agnostiker. Er war auch der einzige Philologe im Team und hatte im Unterschied zu den anderen, bereits einige Texte veröffentlicht. Er hatte, wenn er von etwas überzeugt war, auch den Mut, De Vaux, der den Consensus aller Mitglieder anstrebte, zu widersprechen. Und er drängte immer darauf, alles Material möglichst zügig zu veröffentlichen und der Welt zugänglich zu machen. Das passte dem Meister der Verzögerung, De Vaux, nicht. So wundert es nicht, dass Allegro, dem unter anderem auch brisantes »Sektenmaterial« zugeteilt worden war, aus dem Team ausgeschlossen und durch **John Strugnell**, einem Schüler von Frank Cross, ersetzt worden ist. So konnte die Gruppe, die von den Mitgliedern der Ecole Biblique dominiert wurde, etwas gar leicht einen Consensus finden.[17]

Gemäss Frank Cross wurde das ganze Material im sogenannten »Rollensaal« des Rockefeller-Museums auf etwa zwanzig Tischen ausgebreitet, sodass alle Mitglieder des Teams miteinander kommunizieren und, wenn nötig, einander helfen konnten. Unter archäologischen Gesichtspunkten war die Arbeit in diesem Saal aber katastrophal, denn die Fenster waren offen. Es gab keinen Schutz gegen Wärme, Feuchtigkeit, Wind, Staub oder direkte Sonneneinstrahlung, einen Schutz, der in den Höhlen von Qumram zweitausend Jahre lang zum grössten Teil sichergestellt war. Erst lange nach De Vaux' Tod wurde das Material dann in einem Kellergeschoss unter bernsteingelbem Licht gelagert, und zwar so, dass Temperatur und Feuchtigkeit des Materials permanent überwacht und jedes Fragment unter eingespannten Seidentüchern unter Glas lag.

Wenn einer aus der Gruppe De Vaux' zu Ergebnissen kam, die, weil sie der offiziellen Lehrmeinung der christlichen Orthodoxie widersprach, wurden sie unterschlagen oder ihre Freigabe mit allen Mitteln verzögert, was John M. Allegro bis ans Ende seines Lebens behauptete. De Vaux ging es vor allem darum, das christliche Establishment nicht zu verunsichern. Doch genau das tut zumindest ein Teil der Schriftrollen von Qumran. Die Isreali, die in ihrem »Schrein des Buches« enthaltenen sieben Rollen verwahrten, fühlten sich ihrer Regierung und der Menschheit gegenüber verpflichtet, die Texte möglichst schnell zu publizieren. Und als sie den Judengegner De Vaux baten, ihnen zumindest Kopien aus dem Rollensaal zukommen zulassen, verwehrte De Vaux ihnen dies kategorisch bis ans Ende seines Lebens. Der Consensus in der Gruppe De Vaux wurde ein eigentliches Bollwerk und jeder, der gegen diese Festung anrannte, musste um seinen Ruf fürchten oder gar damit rechnen, als Häretiker gebrandmarkt zu werden.[18]

Kurz bevor Pater De Vaux 1971 starb, folgte eine unglaubliche und regelwidrige Vetternwirtschaft. Wie ein Monarch übergab er seinen Posten als Chef des Teams wie auch den des Chefs der Ecole Biblique seinem Dominikanerkollegen Pater **Pierre Benoit**. Ähnlich verfuhren die anderen Mitglieder des Teams. Als Pater Patrick Skehan 1980 starb, vermachte er die Arbeit an seinen Rollen Eugene Ulrich (1938–) von der Notre Dame University in Indiana. Das Rollenmaterial, an dem Pater Jean Starcky arbeitete, wurden an Pater Emil Puech von der Ecole Biblique »vererbt«, sodass danach die katholischen Wissenschaftler die internationale Gruppe definitiv dominierten. Nachfolger von Benoit wurde John Strugnell, der 1968 Professor für die Erforschung des Urchristentums an der Harvard Divinity School war und nur halbjährlich in an der Ecole Biblique in Jerusalem tätig war, veröffentlichte gar nichts. Und Pater Josef Milik verbot auch den anderen Mitgliedern der Gruppe etwas von dem, woran er arbeitete, ohne seine Zustimmung zu fotografieren oder gar zu veröffentlichen. Er publizierte zwischen 1953 und De Vaux' Tod lediglich einen siebenundzwanzig Seiten starken Text unter dem Titel »Dix an de decouverte dans le desert de Juda« (1957), in dem er vor allem John Allegro anschwärzte. Der alte Schlendrian und das absichtliche Verzögern von Publikationen wurde also unter John Strugnell fortgesetzt.[19]

Wenn man die Arbeit von anderen Wissenschaftlern vergleicht, die an den bei Nag Hammadi in Ägypten 1945 gefundenen »gnostischen Evangelien« arbeiteten, zeigen sich zu Ungunsten der Qumran-Monopolisten geradezu erschreckende Unterschiede. Die Arbeit an den gnostischen Evangelien, die 1948 vom Koptischen Museum in Kairo erworben wurden, verzögerte sich zwar bis 1956, weil die französischen Wissenschaftler das Monopol auch über dieses Material zu erlangen versuchten. Danach kam die Suezkrise, die die Arbeit an den gnostischen Evangelien nochmals bis 1966 verzögerte. Dann aber ging alles sehr schnell. Das Team unter **James M. Robinson** (1924–2016) vom Institut für Altertum und Christentum an der Claremont Graduate School in Kalifornien machte in drei Jahren von 1969–1972 viele Abschriften und Übersetzungen für alle Interessierten publik. Nach lediglich elf Jahren war 1977 das ganze Material als Faksimile in sechsundvierzig Bänden gedruckt.

Die Wissenschaftler um De Vaux begannen mit ihrer Arbeit 1953 mit dem Ziel, alle Qumran-Rollen unter dem Titel »Dicoveries in the Judaean Desert of Jordan« zu publizieren. Der erste Band (1955) enthielt Materialien aus der Höhle 1 von Qumran. Der zweite Band enthielt überhaupt keine Texte aus Qumran, sondern für De Vaux harmlose Schriften aus dem Wadi Murabba'at, in denen es um den jüdischen Aufstand von 153 n. Chr. unter Bar Kochba ging. Der dritte Band

(1963) enthielt Rollenfragmente aus den Höhlen 2, 3 und 5 bis 10. Der wichtigste Text ist die »Kupferrolle« aus Höhle 3, der Rest besteht einem sechzig Zeilen starken Fragment und noch wesentlich kleineren Texteilbruchstücken. Der vierte Band (1965) erschien unabhängig von De Vaux' Gruppe, wurde von James A. Sanders herausgegeben und enthielt vor allem Psalmen, die die Beduinen in Höhle 11 gefunden hatten. Im fünften Band wurde endlich, wenn auch in geringem Umfang und dank des Agnostikers John Allegro Material aus Höhle 4, der grössten Schatzkammer, die das bedeutendste Material enthielt, veröffentlicht. Der sechste Band erschien 1977, der siebte 1982 und der letzte, achte Band, der keine Qumran-Texte enthält, wurde 1990 herausgegeben. Achtunddreissig Jahre nachdem De Vaux mit der Arbeit begann, waren weniger als fünfundzwanzig Prozent des Materials erschienen. Dabei ist das gedruckt vorliegende Material zum grössten Teil unbedeutend und für die Entstehung des »Christentums« ohne Belang.

Pater Puech von der Gruppe um De Vaux hat in einem Interview, das ein Journalist mit ihm führte, gesagt, er habe in Qumran Bruchstücke der »Bergpredigt« gefunden, vor allem deutliche Bezüge zu den »Armen im Geiste«. Im Barnabas-Evangelium, einem apokryphen christlichen Text, der zum ersten Mal im zweiten Jahrhundert n. Chr. erwähnt wird, habe er ein bisher unentdecktes Zitat aufgespürt, das einem unbekannten Propheten zugeschrieben wird, und direkt aus Qumran stamme, woraus zu schliessen sei, dass es eine eindeutige Verbindung zwischen Qumran und dem frühen Christentum gegeben habe. Doch auch das, was Puech hier angesprochen hat, ist nie zur Veröffentlichung gekommen.

Der bisher von der internationalen Gruppe veröffentlichte Teil ist ziemlich unbedeutend, jedenfalls nichts, was die orthodoxe katholische Dogmatik, ja sogar das Christentum hätte in Gefahr bringen können.[20]

Die Qumran-Texte kann man in zwei Kategorien teilen: biblisches Material und wie es De Vaux abschätzig genannt hatsogenanntes »Sektenmaterial«, das zum grossen Teil aus bisher unbekannten Dokumenten besteht. Der Ausdruck »biblisch« hat wohl die meisten glauben gemacht, dass das biblische Material von grösserer Bedeutung sei, während das pejorative Wort »Sekte« keinen Hund hinter dem Ofen hervorlocken konnte.

10
Frühe Widersprüche gegen die Gruppe De Vaux

Es war der amerikanische Belletristiker und Literaturkritiker **Edmund Wilson** (1895–1972), also ein Laie auf dem Gebiet, an dem im Rockefeller-Museum gearbeitet wurde. Er hatte keine Hemmungen, sich mit Gebieten zu beschäftigen, in denen er kein Fachmann war. So veröffentlichte er schon 1955 in »The New Yorker« einen grösseren Artikel über die Schriftrollen vom Toten Meer, den er noch im selben Jahr zu einem Buch erweiterte unter dem Titel »The Scrolls oft the Dead Sea«. Durch diese beiden Veröffentlichungen wurde dank seines grossen literarischen Publikums zum ersten Mal das Interesse einer breiten Öffentlichkeit erregt. 1969 überarbeitete Wilson sein Buch gründlich. Da er einen Ruf als seriöser und integrer Wissenschaftler hatte, konnte ihm sogar De Vaux nichts anhaben. Im Gegenteil: Wilson vermutete aufseiten des internationalen Teams sogar eine Weigerung, die in den Texten unübersehbaren Gemeinsamkeiten des rabbinischen Judentums des ersten Jahrhunderts n. Chr. und den Anfängen des Christentums überhaupt herzustellen.

»Wenn wir Jesus aus der Perspektive betrachten, die die Rollen nahelegen, ergibt sich eine neue Kontinuität, und die dramatischen Ereignisse, deren Ergebnis das Christentum war, werden endlich verständlich. [Qumran] ist vielleicht eher die Wiege des Christentums als Bethlehem oder Nazareth«.[21]

Erst Wilson hat klar und deutlich das gesagt, was die internationale Gruppe mit grösster Sorgfalt auszuschliessen versuchte. Und **Philip Davies** (1969–2018), Professor für biblische Studien in Sheffield, der zwei Bücher über das Qumran-Material geschrieben hat, wies darauf hin, dass die meisten mit den Rollen beschäftigten Wissenschaftler christlich orientiert seien, dass das Neue Testament für sie der dominierende Bezugspunkt sei, sodass von ihnen kaum Objektivität zu erwarten sei.

Schon 1950 hatte **Andre Dupont-Sommer** (1900–1983), Professor für semitische Sprache und Kultur, ein Referat veröffentlicht, das ziemlich viel Staub aufwirbelte. Er bezog sich auf einen kurz vorher übersetzten Qumran-Text, dessen Original wahrscheinlich über den Antiquitätenhändler Kando auf den Schwarzmarkt kam. Darin sei eine »Sekte des Neuen Bundes« beschrieben, deren Führer der »Lehrer der Gerechtigkeit« genannt werde und als Messias (aramäisch »me'si:as« gelte, verfolgt, gefoltert und als Märtyrer hingerichtet worden sei. Die Anhänger dieses Lehrers seien Apokalyptiker gewesen, glaubten also an das unmittelbar bevorstehende Ende der Welt und dass nur die gerettet werden, die an seine Lehre glaubten. Dupont-Sommer zog, zwar vorsichtig, den Schluss, dass dieser Lehrer Jesus sein könnte. Diese Aussage Dupont Sommers löste bei den amerikanischen und französischen katholischen Eliten heftigste Proteste aus, war mit ihr doch die Einzigartigkeit und Originalität Jesu in Frage gestellt.[22]

Der Brite **John Marco Allegro** war sicher der originellste und mutigste Wissenschaftler in der Gruppe von De Vaux, der auch immer wieder bereit war, unbehindert von religiösen Vorurteilen der letztlich durch den Vatikan bestimmten Parteilinie des internationalen Teams zu widersprechen. Und Allegro kämpfte auch immer dafür, das gesamte Qumran-Material möglichst bald zu publizieren. De Vaux sagte ihm, dass das bis 1960 geschehe, glaubte aber selber nicht daran, ja durfte nicht daran glauben, weil er wusste, dass dies nicht nur die katholische Kirche, sondern die ganze Christenheit im Tiefsten erschüttern würde.

1956 veröffentlichte Allegro eine viel beachtete Abhandlung unter dem Titel »The Dead Sea Scrolls« und hielt drei Vorträge im nordenglischen Rundfunk. Der zweite und der dritte wurde in der »New York Times« abgeduckt, der dritte unter der Schlagzeile »Christliche Grundlagen in den Rollen entdeckt«. Seine Bemerkung dazu: »Dupont-Sommer hatte mehr recht, als er geahnt hat«.

Der Ursprung einiger christlicher Riten und Lehren sei in Dokumenten einer extremistischen jüdischen Sekte wiederzufinden, die schon über hundert Jahre v. Chr. existiert hat. Und Allegro erklärte weiter, dass historisch das »Abendmahl«, Teile des »Vaterunser« und der Lehre Jesus im Neuen Testament in der Gemeinde von Qumran ihre Wurzeln hätten. Allegro schrieb dann noch 1968 die Ergebnisse seiner Textforschungen zu Ende mit dem Abdruck von Fragmenten aus der Höhle 4. Diese Arbeit wurde von De Vaux als fünfter Band der »Discoveries in the Judaean Desert« herausgegeben. Allegro ist der Einzige der internationalen Gruppe, der das ganze ihm anvertraute Material zur Publikation brachte. Ausgenommen war nur die »Kupferrolle«, die den Tempelschatz und dessen Verstecke enthält, deren Veröffentlichung dem Konzept De Vaux' widersprach, weil sie nahelegte, dass Qumran nicht ein abgelegener Ort war, der mit niemanden in Verbindung stand, sondern, auch Kontakte mit Jerusalem hatte. Allegro durfte sie im fünften Band der »Discoveries … « nicht einmal erwähnen, obwohl sie für ihn die wichtigste Rolle des ihm zugeteilten Corpus war. De Vaux argumentierte, dass eine Veröffentlichung dieser Rolle dazu führen könnte, dass die Israeli Anspruch auf diese erheben könnten, wodurch er die Kontrolle über die Rollen verlöre, und dass die Beduinen die ganze Wüste Judäas umgraben würden. Ja, die Rolle wurde gar aus dem Corpus Allegros entfernt und dem polnisch-französischen Pater Josef Milik zugeteilt, mit dem Auftrag eine autorisierte Übersetzung der Rolle vorzubereiten. Veröffentlicht wurde sie nie. Völlig frustriert nahm Allegro Kontakt mit Lankester Harding, dem Leiter des jordanischen Amtes für Altertümer auf, der aber schon vorgängig durch De Vaux dahingehend instruiert worden war, dass die Kupferrolle nichts mit der Gemeinde von Qumran zu tun habe. Für Harding war die Rolle aber ohnehin eine blosse Legende über einen vergrabenen Schatz. [Doch warum sollte ausgerechnet die Rolle, die verglichen mit anderen Rollen hinsichtlich ihrer Abfassung am mühseligsten war, denn sie konnte ja nicht einfach beschrieben, sondern musste Buchstabe um Buchstabe gestanzt werden, bloss eine überlieferte Legende sein?; p. g.]. Für Allegro war klar, dass die römische Kirche in Gestalt von De Vaux und Co. dieses Material unterdrücken will.

Da der Schlendrian Milik für seine autorisierte Übersetzung der »Kupferrolle« sechs Jahre brauchte und sie erst 1962 fertigstellte, übersetzte sie Allegro 1955 selbst und schrieb 1956 ein, die Kupferrolle nicht einmal erwähnendes populärwissenschaftliches Buch unter dem Titel »The Dead Sea Scrolls«, dessen erste Auflage von 40'000 Exemplaren nach siebzehn Tagen verkauft war. Das Werk wurde dann überarbeitet neunzehnmal neu aufgelegt und gehört zu den besten Einführungen in die Rollen von Qumran. De Vaux kritisierte im einem ausführlichen Brief an Allegro heftig. In seiner Antwort schrieb Allegro, De Vaux sei nicht mehr imstande, das Christentum in einem objektiven Blick zu sehen. Und Allegro nahm darin auch auf eine Qumran-Rolle Bezug, die vom »Sohn Gottes« handelt. Wir wissen inzwischen, dass die Qumraner ihren Messias *nicht* für den Sohn Gottes gehalten haben. Das heisst auch, dass Jesus sich selber nie so verstanden hat. Er hat sich immer nur als Menschensohn bezeichnet. De Vaux' Beweisstück sei allein das Neue Testament, das historisch keine Beweiskraft habe. Die angesprochene Rolle ist trotz ihrer Bedeutung bis heute (1996) immer noch nicht veröffentlicht.[23]

Erst 1989 teilte Pater **Emil Puech** (1941–), der Kronprinz der Ecole Biblique, in einem persönlichen Gespräch drei wichtige Entdeckungen mit: Er habe bisher nicht aufgedeckte Parallelen gefunden zwischen den Texten der Schriftrollen von Qumran und dem frühen Christentum.

11

Neue Waffen gegen den nur noch katholischen Consensus

Die internationale Gruppe datierte die in Qumran entdeckten Schriftrollen in die Zeit der Makkabäer-Könige, die nach ihrem Sieg über die Seleukiden (heutiger Iran) durch Mattatias die königliche und hohepriesterliche Dynastie der Hasmonäer gründeten und erkämpften sich für fast einhundert Jahre, von 165 bis 37 v. Chr. eine Erbherrschaft über die Juden und wollten Judäa und angrenzende, von ihnen eroberte Gebiete von Rom unabhängig machen. Der letzte Hasmonäer-König war Antigonos Mattatias, der 40 v. Chr. mit Hilfe der Parther Jerusalem eroberte und sich dort zum König und Hohepriester ausrief. Herodes der Grosse musste mit seiner Familie aus Jerusalem fliehen und verschanzte sich in der von ihm selbst gebauten Felsen-Festung Masada, ging aber noch im selben Jahr nach Rom, wo er vom Senat als neuer König von Judäa proklamiert wurde. 39 v. Chr. kam er wieder nach Judäa und eroberte 37 v. Chr. Jerusalem zurück. Antigonos wurde nach Antiochia am Orontes verbracht und dort auf Befehl von Marcus Antonius noch im selben Jahr mit dem Beil hingerichtet.[26]

Die Datierung des Teams De Vaux ist mit Absicht so früh gewählt, damit die Rollen nichts mit irgendwelchen Wurzeln des Christentums zu tun haben können.

In den sechziger Jahren begann sich die wissenschaftliche Opposition gegen den Consensus in De Vaux' Team auch unter anderen

Gesichtspunkten zu regen. Die Kritik stellte nicht nur die Datierung der Qumran-Rollen in Frage, was ja auch schon Wilson, Dupont-Sommer, Allegro und Vermes getan hatten, sie behauptete auch, dass die Gemeinde von Qumran gar nicht von Essenern, sondern von Zeloten bewohnt gewesen sei (was sicher falsch ist). Diese Position wurde von den Briten **Cecil Roth** (1899–1970) und **Godfrey Driver** (1892–1975), dem Mentor von Allegro, der diesen auch als Vertreter der Briten ins Team von De Vaux empfohlen hatte. Cecil Roth war ausserordentlicher Professor für jüdische Studien in Oxford, eine Stelle, die später an Geza Vermes überging. Roth hat mehr als sechshundert Publikationen zu verzeichnen und hatte ein immenses Wissen in der Geschichte des Judentums. Nach seiner Emeritierung zog er nach Jerusalem und war Gastprofessor an verschiedenen Universitäten in New York und Israel. Godfrey Driver lehrte ebenfalls in Oxford, war ab 1938 Professor für semitische Philologie und später auch für Hebräisch. Driver meinte schon 1949, dass es riskant sei, die in Qumran gefundenen Rollen in die Zeit vor der Geburt Jesu zu datieren, solange man die »innere Wahrscheinlichkeit «das, was in den Texten steht vernachlässige und sich zu sehr auf die »äusserlichen Beweise« die archäologischen und paläographischen verlasse. Die innere Wahrscheinlichkeit lege eher nahe, dass die Rollen aus der Kaiserzeit des ersten nachchristlichen Jahrhunderts stammen. Doch sie behauptet auch, dass Qumran, als es kurz nach dem Tod des Herodes wieder aufgebaut wurde, dies nicht durch die Essener bewerkstelligt worden sei, sondern durch die Zeloten von Masada. Die Essener hätten Qumran, als es 37 v. Chr. durch Herodes zerstört worden sein, definitiv verlassen. Diese Behauptung scheint mir falsch zu sein]. Roth und Driver haben sich zu sehr an die Beschreibung der Essener durch die römischen Schriftsteller, Plinius und Sueton verlassen, die lediglich die pazifistischen Essener-Emeriten in den Hügeln über En Gedi beschrieben haben, mit denen Herodes nie in einen Konflikt geraten ist.

[Auch das ist falsch. Man müsste endlich fragen, wann die Zeloten Masada besetzt haben: es war, wie wir noch sehen werden, 4 n. Chr.; p. g.]

Flavius Josephus spricht aber von einem zweiten Zweig von Essenern, die wie die Zeloten von Masada in einer Familiengemeinschaft lebten, und politisch äusserst engagiert waren und wie die Zeloten die Römer aus Palästina hinausjagen wollten. Das zeigt sich bei Josephus deutlich, wenn er sagt, dass der Qumran-Essener Johannes der Täufer an seiner Taufstelle in Pärea durch Antipas/Herodias gefangen genommen worden sei, um dann zuerst in der römischen Grenzfestung Machaerus (etwa vierzig Kilometer östlich der Ostküste des Toten Meers) in den Kerker geworfen und 28. n. Chr. enthauptet worden sei. Josephus glaubt, dass das nicht aufgrund von Johannes' Kritik am doppelten Ehebruch von Herodias mit Herodes Boethos und Herodes Antipas mit der Tochter das nabathäischen Königs Aretas IV geschehen sei, sondern weil Qumran, wo auch Jesus lebte, eine Rebellion geplant habe. Das Einzige, was sich bezüglich der Gemeinden Qumran und dem 80 Kilometer südlicher gelegenen Masada halten lässt, ist, dass es zwischen diesen Gemeinden nicht nur Kontakte gegeben hat, sondern auch einen Austausch von Schriftrollen, was Yael Yadin, der auch in Masada gegraben hat, bestätigen konnte. Im Übrigen muss gesagt werden, dass die von Herodes gebaute Festung Masada 37 und 40 v. Chr., dem Jahr des Sieges von Herodes über Antigonos, der Familie des Herodes als Unterschlupf diente. Die Zeloten konnten Masada deshalb frühestens ab 41 v. Chr. besetzen, vorausgesetzt dass sich Herodes ab dann nicht mehr um seine Festung kümmerte. In Wirklichkeit besetzten sie die Festung aber erst nach dem Tod des Herodes, etwa 4 n. Chr.

Man kann Roth und Driver ohne weiteres zustimmen, dass die in Qumran entdeckten Rollen nicht vor der Geburt Jesu zu datieren sind, aber das rechtfertigt noch lange nicht die Schlüsse, die sie daraus ziehen. Cecil Roth veröffentlichte 1958 die Ergebnisse seiner Arbeit unter dem Titel »The Historical Background oft the Dead Sea Scrolls«. In diesem Text behauptete er, dass die Zeit, der die Schriftrollen zuzuordnen seien, die Zeit des Aufstandes in Judäa gegen die römische Besatzung zwischen 66 und 73 n. Chr. sei, an dem die Gemeinden von Qumran und Masada sicher teilgenommen haben. (Es mag ja sein, dass die Rollen kurz vor 66 n. Chr. in Qumran vergraben worden sind. Das heisst aber nicht, dass sie auch kurz davor beschrieben beziehungsweise im Falle der Kupferrolle gestanzt worden sind. Ich halte es für viel plausibler, dass viele Rollen zwischen 21 und 28 n. Chr. entstanden sind, auch wenn viele Abschriften aus Teilen des Alten Testaments schon früher geschrieben worden sind. Und der Habakuk-Kommentar ist wohl zwischen 40 oder 41 n. Chr. entstanden. Den Beweis werden wir noch liefern.

Die Bewohner von Qumran waren schon seit 153 v. Chr. antirömisch und gegen die mit den Römern paktierenden Pharisäer und Sadduzäer eingestellt. Doch diese Einstellung radikalisierte sich mehr und mehr, nachdem der Rebell Jesus zur Gemeinde gestossen ist.

De Vaux und sein Team gerieten über die Argumentation Roths und Drivers, die in Oxford eng zusammenarbeiteten und die wissenschaftliche Kompetenz De Vaux' und seiner Gruppe rundweg in Frage stellten, in heftigste Wut und warfen den beiden vor, dass sie nichts von Archäologie und Paläographie verstünden. Auch habe das Team die Rollen unmittelbar vor sich, was im fernen Oxford ja nicht der Fall sei. Roth und Driver hätten den archäologischen und paläographischen Ansatz ja nicht einmal hinterfragt, ihre Theorie sei deshalb schlicht nicht haltbar, wovon De Vaux auch das Albright Institut in Jerusalem zu überzeugen vermochte. Die internationale Gruppe begann Roth und Driver mit immer verächtlicher Kritik zu bombardieren und machten sie schlicht lächerlich, sodass sich Driver und Roth schliesslich von ihrer Arbeit an den Rollen vom Toten Meer gänzlich zurückzogen. So wurde das Monopol der im Grunde nur noch aus katholischen Priestern bestehenden »internationalen« Gruppe und ihrer Qumran-Forschung von Anfang der sechziger bis in die Mitte der achtziger Jahre praktisch absolut. Erst 1985 erschien wieder ein in der »Bibical Archaeology Review«

veröffentlichter Bericht über eine Tagung in New York über die Schriftrollen vom Toten Meer, in dem die sofortige Publikation von Fotografien sämtlicher unveröffentlichter Texte gefordert wurde. Doch es geschah nichts.[28]

Im gleichen Jahr begann sichgepuscht von **Robert Eisenman**das israelische Parlamentsmitglied **Juval Ne'eman** (1925–2006) für die Sache zu interessieren. Ne'e-man war ein weltbekannter Physiker und Präsident des Instituts für Physik an der Universität Tel Aviv. Zuvor war er Leiter der israelischen Atomenergiekommission. Er brachte, was mit den Schriftrollen geschah, vor die Knesset und bezeichnete es dort als »Skandal«, dass die israelischen Behörden dem internationalen Team weiterhin das Monopol über die Schriftrollen überlassen würden. Das führte dazu, dass das israelische Amt für Altertümer sich endlich daran machte, herauszufinden, warum ein geschlossener Kreis von katholischen Wissenschaftlern, die alleinige Kontrolle über etwas hatte, was eigentlich Eigentum Israels war, und forderte Pater Benoit, der damals Leiter des internationalen Teams war, bezüglich der Rollen einen Veröffentlichungsplan vorzulegen. Benoit versprach, in den nächsten sieben Jahren, also bis 1993 das ganze Material zu veröffentlichen, und empfahl Strugnell als Hauptherausgeber künftiger Publikationen. An das Versprechen von Benoit glaubten weder Ne'e-man noch die Mitglieder der von Benoit geleiteten Gruppe. Und Benoit konnte auch nicht wissen, dass Robert Eisenman Ne'eman über die Sache informiert hatte.

Eisenman hat natürlich gewusst, dass Roth und Drivers von der internationalen Gruppe, die, nach dem auch der Protestant Strugnell konvertiert hatte, nur noch aus durch die Ecole Biblique dominierten Dominikaner-Katholiken bestand, mit Leichtigkeit abserviert werden konnten, weil sie Archäologie und Paläographie als irrelevant erklärten, Gebiete, von denen Roth und Drivers wohl auch zu wenig verstanden, in denen die katholischen Wissenschaftler ziemlich gut bewandert waren. Eisenman entschloss sich, diese gerade in diesen Gebieten anzugreifen, aber trotzdem den Gesichtspunkt von Roth und Drivers-die Untersuchung dessen, was tatsächlich in den Rollen steht akribisch weiter zu berücksichtigen. Er eröffnete seinen Kampf mit dem Buch »Maccabbees, Zadokites, Christians and Qumran«, welches er 1983 in einem kleinen holländischen Verlag herausgab und Baignet und Leigh erst auf die Schriftrollen von Qumran aufmerksam machte. Weil die Leserschaft des Buches klein war, konnte die internationale Gruppe, die in ihrer Bibliothek alle Texte über die Rollen sammelte einfach über-sehen. Keiner der Gruppe hielt es für nötig, das Buch, das sie einem Anfänger zuschrieben, überhaupt zu lesen. Doch veröffentlichte Eisen-man 1985 ein zweites Buch beim selben Verlag in Holland. Sein Titel »James the Just in the Habakuk-Pesher« (Mit Jakobus der Gerechte, ist nicht Jakobus der Ältere gemeint, der ältere Bruder des Herrn, der nach der Kreuzigung Jesus' die Essener-Gemeinde in Jerusalem bis etwa 43 n. Chr. anführte, sondern dessen Nachfolger). Für dieses Buch erhielt Eisenman ein Forschungsstipendium des renommierten Albright Insti-tute in Jerusalem, wo er heimlich Juval Ne'eman, den berühmten Phy-siker und Mitglied des israelischen Parlament über das Problem der schleppenden Veröffentlichung der Schriftrollen vom Toten Meer so informierte, dass Ne'eman sie wie schon gesagt vor die Knesset brachte. Ebenfalls 1986 kontaktierte Eisenman Pater Benoit und verlangte Ein-sicht in die Rollen, was ihm Benoit verwehrte mit dem Argument, er habe in dieser Sache nicht zu entscheiden und verwies ihn an die israe-lischen Behörden. Eisenman liess sich aber nicht abschütteln. Als Gast-dozent des Albright-Institute hielt er einen Vortrag, zu dem alle auf diesem Gebiet bedeutenden Wissenschaftler, auch die der Ecole Bibli-que eingeladen waren; die Ecole schickte mehr als eine Handvoll ihrer Mitglieder. Der provokative Titel des Vortrags lautete »Die Gemeinden von Jerusalem und Qumran. Archäologische, paläographische, histori-sche und chronologische Probleme«. Die Mitglieder Ecole, die bisher Eisenmans Werke nicht kannten, war aber klargeworden, dass Eisen-man für sie eine echte Herausforderung war. 1986/87 lehrte Eisenmann am Oxford Center for Hebrew Studies. In Jerusalem war er aber noch an zwei geheime Dokumente gekommen. Das erste war eine Kopie einer nur hunderteinundzwanzig Zeilen umfassender Rollentextes, den offensichtlich der Vorsteher der Gemeinde von Qumran verfasst hat und Verhaltensregeln der Gemeinschaft enthält. Er ist bis heute nicht veröffentlicht, so wenig wie die übrigen etwa 75% des Qumran Materials. Das zweite war ein Computerausdruck aller Qumran-Texte, die das internationale Team verwaltet oder sich in israelischen Museen befinden. Das Team bestritt sofort, dass es einen solchen Ausdruck gebe, was eine Lüge war und ebenfalls bewies, dass das Material absichtlich zurückgehalten wird.

Für Eisenman war klar, dass er nun alles, was in seine Hände gelangt, bedingungslos in Umlauf bringen musste, um so das internationale Kartell, das er inoffiziell als »Gruppe von im Chor blökender Hammeln« bezeichnete, zumindest etwas zu unterminieren.

1989 hatte der Nachfolger von Pater Benoit, John Strugnell erwirkt, dass das noch nicht veröffentlichte Material nicht schon 1993, sondern erst 1996 publiziert sein werde, was Eisenman zutiefst enttäuschte.

Er kontaktierte seinen Freund Philip R. Davis, ein Bibelforscher und Archäologe aus Sheffield. Zusammen schrieben sie einen formellen Brief an Strugnell, in dem sie Zugang zu bestimmten Originalfragmenten und Fotos von Fragmenten aus Höhle 4 forderten. Dabei verwiesen sie auf die Verweisnummern des Computerausdrucks. Sie wünschten auch mehrere Kommentare und Fragmente von Kommentaren zu den Rollen zu sehen, die sich auf den Primärtext bezogen. Dabei versprachen sie, keine autorisierte Abschrift oder Übersetzung zu veröffentlichen, sich an alle Vorschriften des Copyrights halten und das Material nur für eigene Forschungen verwenden würden. Doch Strugnell fühlte sich nicht einmal veranlasst, auf diesen Brief überhaupt zu antworten.

Auf diese Abkanzelung reagierte Eisenman, indem er sich vielfach an die Öffentlichkeit wandte. Er schrieb an Zeitungen und wissenschaftliche Zeitschriften. Schon in den Sommermonaten war das

Thema in amerikanischen und israelischen Zeitungen eine sehr viel aufsehenerregendere Sache. Eisenman wurde mehrfach ausführlich von der »New York Times«, der »Washington Post«, der »Los Angeles Times«, der »Chigago Tribune« zitiert. Dabei kamen jeweils fünf Punkte zur Sprache:

1. Dass die Erforschung der Schriftrollen vom Toten Meer insgesamt und in ungerechtfertigter Weise von einer kleinen Clique von Wissenschaftlern monopolisiert werde, die rechtmässige Ansprüche erhöben und deren Ausrichtung voreingenommen sei.

2. Dass bisher erst ein geringer Prozentsatz des Qumran-Materials im Druck erschienen sei und der grösste Teil immer noch zurückgehalten werde.

3. Dass der Hinweis, die sogenannten »biblischen« Texte seien ja schon grösstenteils freigegeben, irreführend sei, da vom wichtigsten Material, dem sogenannte »Sektenmaterial« von der Clique noch nichts öffentlich gemacht worden sei. Dabei handle es sich um völlig neue, nie zuvor gesehene Texte, die die Geschichte und das religiöse Leben des ersten Jahrhunderts in einem neuen Licht zeigen würden.

4. Dass nach vierzig Jahren allen interessierten Wissenschaftlern Zugang zu den Rollen gewährt werden müsse.

5. Dass die Qumran-Dokumente umgehend AMS-Karbon-14-Tests unterzögen werden müssten, und zwar unter der Aufsicht unabhängiger Wissenschaftler in unabhängigen Labors.[29]

Schon 1988 hatte Philip Davis geschrieben:

»Jeder Archäologe oder Wissenschaftler, der gräbt oder einen Text findet, aber nicht mitteilt, was er gefunden hat, verdient als Feind der Wissenschaft betrachtet zu werden. Nach vierzig Jahren liegt weder ein vollständiger, autorisierter Bericht der Ausgrabungen noch eine [nur annähernd] vollständige Veröffentlichung der Rollen vor«.[30]

Anfangs 1989 wurde Eisenman eingeladen, auf einer Konferenz an der Universität Groningen einen Vortrag über die Schriftrollen zu halten. Leiter der Tagung war der Sekretär der »Revue de Qumran«, des offiziellen Organs der von französischen Dominikanern dominierten Ecole Biblique in Jerusalem. Es wurde vereinbart, dass alle Vorträge in der »Revue« publiziert werden. Doch das Referat, das Eisenman gehalten hatte, wurde in ihr nie publiziert: ein Affront sondergleichen. Doch die Dinge neigten sich mehr und mehr zu Gunsten Eisenmans. Die »New York Times« veröffentlichte die ganze Auseinandersetzung zwischen der »Ecole Biblique« und Eisenman, die dem Affront zwangsläufig folgte unter der Schlagzeile »Gelehrteneitelkeit« und schrieb: Ein trauriges Beispiel für solche Eitelkeit sei die Geschichte der Schriftrollen vom Toten Meer, die möglicherweise die Anfänge des Christentums und die Entwicklung der Lehre des Judentums in einem völlig neuen Licht erscheinen liessen. Und gerade für die Archäologie seien Wissenschaftler wie Josef T. Milik, das zugeknöpfteste Mitglied der Ecole, besonders schädlich.

Dann kam es zu auch 1989 zu zwei Tagungen der Gegner der Ecole Biblique, in der Resolutionen ausgearbeitet wurden. Die erste wurde von Zadzislaw Kapera (1942-) aus Krakau und Philip Davis in Polen organisiert. Sie forderte erstens, dass die zuständigen israelischen Behörden sich von allen unveröffentlichten Schriftrollen Fotografien verschaffen sollten, um sie umgehend in der Oxford University Press zu veröffentlichen. Und zweitens sollten die Unterlagen von De Vaux' Ausgrabungen in Qumran in der Zeit zwischen 1951 bis 1956, die bisher zum grössten Teil noch nicht erschienen waren, in autorisierter Form herausgegeben werden. Die zweite Tagung fand in der akademischen Heimat Eisenmans an California State University in Long Beach statt. Eine ganze Reihe von Wissenschaftlern hielt Referate, darunter natürlich auch Eisenman selbst und James M. Robinson, der die Edition der ägyptischen Nag-Hammadi-Rollen betreut hatte. Die Tagung forderte, dass zum einen alle unveröffentlichten Qumran-Fragmente sofort als Faksimile erscheinen sollten, und zum anderen die Einrichtung einer Datenbank von AMS-Karbon-14-Tests, die eine problemlose Datierung aller bisher undatierten Qumran-Materials ermöglichen würde.

Schon nach der ersten Tagung eröffnete die amerikanische, wissenschaftliche Arbeiten popularisierende »Biblical Archaeology Review« ein Feuerwerk von Beiträgen über die Verzögerungen und Versäumnisse der Forschungen in Sachen Qumran: Die Schriftrollen vom Toten Meer seien schliesslich ein öffentliches Gut. Die Herausgeber stellten keine Informationsquelle, sondern ein Publikationshindernis dar, und das von Strugnell genannte neue Ziel, alles Material bis 1996 zu veröffentlichen, sei Lug und Trug. Dieser Vorwurf war völlig berechtigt, denn sowohl dem Team um Strugnell als auch der »Oxford University Press«, die für den Druck zuständig war, fehlte bei weitem die Kapazität, die noch anstehenden 75% des ganzen Materials zu veröffentlichen.

12

Die internationale Gruppe wird mit den Patres der Ecole Biblique identisch

Als Frank Cross sich aus der Gruppe zurückgezogen hatte und der konvertierte John Strugnell als Leiter abgesetzt war, wurden zwei Mitglieder der französischen Ecole Biblique: Pater Emilie Puech und der irischstämmige Pater Jerome Murphy-O'Connor (1935–), beide Dominikanernach Jerusalem entsandt, Puech als Leiter der Gruppe, die jetzt nur noch aus römisch-katholischen Priestern bestand. Die internationale Gruppe wurde damit mit der römisch-katholischen Enklave in Jerusalem, der Ecole Biblique, identisch und dominierte die ganze Qumran-Forschung. Die Ecole verfügte über zwei Zeitschriften, die »Revue Biblique« und die »Revue de Qumran«, in denen sie veröffentlichte, was sie veröffentlichen wollte, und nicht veröffentlichte, was sie nicht wollte, so zum Beispiel das Referat Eisenmans, das er anlässlich einer Tagung in Long Beach gehalten hat; es wurde in der »Revue Biblique« nie publiziert, obwohl die Ecole, die Organisatorin der Tagung war und vorgängig versprochen hatte, *alle* Beiträge zu publizieren. Neben diesen Zeitschriften gab es an der Ecole eine eigene, auf Qumran spezialisierte Forschungsbibliothek, in der jedes Buch, jeder wissenschaftliche Artikel, jeder Bericht in Zeitungen und Zeitschriften über die Schriftrollen vom Toten Meer gesammelt wurde.

Die Studien der römisch-katholischen Ecole gaben sich natürlich als überkonfessionell, unparteiisch aus und als allein wissenschaftlicher

Objektivität verpflichtet. De Vaux hat einmal zu Edmund gesagt: »Mein Glaube hat von meiner Forschung nichts zu befürchten«.[32] Wilson war zu wenig schlagfertig, um De Vaux' Behauptung in die Frage umzudrehen, ob seine Wissenschaftlichkeit und Verlässlichkeit etwas von seinem Glauben zu befürchten habe. Die ehrliche Antwort hätte zweifellos »Ja« sein müssen.

Nun stellt sich die Frage nach der Abhängigkeit der Ecole Biblique: Wem war denn die internationale Gruppe in letzter Instanz Rechenschaft schuldig? Als Baigent diese Frage Eisenman stellte, wies dieser auf eine mögliche Verbindung zwischen der Ecole und dem Vatikan hin. Er selbst sei aber der Sache selbst nie nachgegangen. Baignet und Leigh fragten auch andere Wissenschaftler, die den Skandal um die Schriftrollen öffentlich angeprangert hatten.

Doch keiner von ihnen hatte sich mit dem Hintergrund der Ecole und ihren offiziellen Bindungen beschäftigt. Philip Davis meinte zwar, es wäre interessant dieser Frage einmal nachzugehen. Und Norman Golb (1928 -) von der Universität Chicago meinte, vieles weise auf Verbindungen mit dem Vatikan hin. Baigent/Leigh nahmen dann dies Spur auf.[33]

13

Historisch frühere Angriffe auf den Vatikan und seine Glaubenslehre

Ernest Renan (1823–1892), ein Historiker und Theologe, untersuchte zunächst, wie weit die christlichen Schriften wörtlich zu nehmen seien. 1860 begab er sich auf eine archäologische Reise nach Palästina und Syrien und veröffentlichte sein berühmt-berüchtigtes Werk »Das Leben Jesu« als ersten Band seiner siebenbändigen »Histoire des origines du christianisme« (1863–1883), in der er auch Arbeiten über die Apostel und Paulus veröffentlichte. Renan war zu seiner Zeit eine hochangesehene Geistesgrösse. »La vie de Jesu« gehörte zu den meist kauften Büchern des Jahrhunderts und ist bis heute niemals vergriffen gewesen. In diesem Werk stellte er Jesus als »unvergleichlichen Menschen« dar, doch eben als Menschen, der sterblich und nicht göttlich war. Sein Text veränderte die Bibelforschung mit einem Schlag und in kaum vorstellbarem Ausmass. Er hat die Freiheit des Geistes entfesselt, den das Christentum nachher nie wieder zähmen konnte.

Noch vier Jahre früher schlug ein ebenso bedeutender Schuss in das Christentum ein. Charles Darwin (1809–1882) veröffentlichte 1859 sein Hauptwerk »On the Origin of Species« (»Über die Entstehung der Arten«) und begründete damit die Evolutionstheorie, die als streng naturwissenschaftliche Erklärung der Diversität des Lebens zur Grundlage der modernen Evolutionsbiologie wurde. 1871 folgte das Werk »Die Abstammung des Menschen«, in dem er vornehmlich theologische

Fragen behandelte: in Frage gestellt wird zum Beispiel die »Genesis«, der biblischen Schöpfungsbericht.

Vehement unterstützt wurde Darwins Theorie durch den englischen Agnosizisten Thomas Huxley (1825–1918) und Herbert Spencer (1820–1903), die die Evolutionstheorie im Sinne von »survival of the fittest« auf die gesellschaftliche Entwicklung anwendete, was zum heute nicht mehr akzeptierbaren Sozialdarwinismus führte. Auch einflussreiche Philosophen mit einer grossen Leserschaft, etwa die französischen Aufklärer, Arthur Schopenhauer (1788–1860) und vor allem Friedrich Nietzsche (1844–1900) unterminierten, ja zerstörten die überlieferten moralischen und theologischen Fundamente des Christentums.

Auch politisch war die Kirche ständigen Attacken ausgesetzt. Geradezu als Trauma wirkte 1870 die Einigung Italiens durch Giuseppe Garibaldis Freiheitsheer, das Rom einnahm und alle übrigen kirchlichen Gebiete, wodurch der Katholizismus auf eine nichtsäkulare Macht reduziert wurde.

Diese massiven Attacken von Seiten der Wissenschaft, Philosophie, Kunst und Politik erschütterten Rom mehr als irgendetwas seit der Reformation. Die Kirche reagierte darauf mit verzweifelten Defensivmassnahmen. Papst Pius IX, der in der Geschichte des Katholizismus der am längsten regierende Papst (sein Pontifikat dauerte einunddreissig Jahre (1846–1878) verkündete 1848 das Dogma der »Unbefleckten Empfängnis« und 1870 dann, nach dem ersten Vatikanum, das Dogma der »Unfehlbarkeit des Papstes«, das in Anbetracht des Zeitgeistes wohl dümmste, die Päpste masslos überschätzende Dogma ist. Metternich, der Leiter des Wiener Kongresses hat Pius IX einmal als »warmherzig, schwachköpfig und ohne einen Funken Verstand« bezeichnet.

Um die von Ernest Renan und der deutschen Bibelforschung angerichteten Schäden zu reparieren, begann der Vatikan eigene Kader auszubilden, die die Gegner der Katholizismus auf ihrem eigenen Territorium schlagen sollten. So entstand der **katholische Modernismus**. Die

Modernisten, ein klerikaler, intellektueller Stosstrupp, der bestens aus-gebildet war, sollte mit der Strenge deutscher Methodologie beweisen, dass die Schriften vor allem des Neuen Testaments wörtlich zu neh-men seien, und sie hätten im Interesse der Kirche zu arbeiten. Doch das Geschoss des Trupps ging hinten los. Die kritische Erforschung der Bibel brachte eine derartige Fülle von Ungereimtheiten, Diskrepanzen und Widersprüche an den Tag, die der römischen Dogmatik widerspra-chen, sodass die Modernisten bald das in Frage stellten, was sie hätten verteidigen sollen Alfred Loisy (1895–1940), einer der profiliertesten unter ihnen, sagte gemäss Eisenman einmal »Jesus verhiess die Ankunft des Königreichs. Stattdessen kam die Kirche«. Nach Loisy, dem katho-lischen Priester, waren Eckpfeiler der christlichen Lehre wie die Jung-fräulichkeit Marias oder die Göttlichkeit Jesu nicht länger haltbar. Rom hatte mit dem katholischen Modernismus einen gegen Rom arbeiten-den Leviatan gezüchtet. Deshalb gründete Papst Leo XIII 1903 die Päpstliche Bibelkommission zur Überwachung der Arbeit katholischer Bibelwissenschaftler. Und sein Nachfolger, Papst Pius X, setzte noch im selben Jahr Loisys Werk auf den Index der verbotenen Schriften. 1907 publizierte das Heilige Offizium ein Dekret, in dem die Versu-che des Modernismus, die Lehren der Kirche, die Autorität des Papstes und die historische Wahrheit der Heiligen Schrift zu hinterfragen, offi-ziell verurteilt wurden, ja der Modernismus wurde zur Häresie erklärt und die gesamte Bewegung förmlich mit dem Bann belegt. 1910 wurde schliesslich ein Dekret erlassen, das von allen lehrenden Katholiken for-derte, den »Irrtümern des Modernismus« abzuschwören. Und mehrere Modernisten wurden exkommuniziert.[33]

Die Ecole Biblique in Jerusalem wurde schon vierundvierzig Jahre vor De Vaux durch den Dominikanerpater Albert Lagrange (1855–1938) 1890 gegründet. Die Ecole wurde als Institut unter dem Namen »Ecole Practique d'Etudes Bibliques« im Dominikanerkloster St. Stephan in

Ostjerusalem eröffnet. Papst Leo XIII schlug vor, darin eine Stätte der Bibelforschung einzurichten mit dem Ziel, katholische Wissenschaftler zu befähigen, ihren Glauben gegen die Bedrohung durch die historische und archäologische Forschung zu verteidigen. Durch die ebenfalls 1892 von ihm gegründete »Revue Biblique« wollte er seinen Studenten eine antihistorische und antiarchäologische Haltung einprägen, die auf seiner ziemlich abstrusen Theorie fusste. Nach dieser bilden »die verschiedenen Stufen in der Entwicklung der menschlichen Religion, die Gott auf übernatürliche Weise lenkt und zur endgültigen, höchsten Stufe führt, zum messianischen Zeitalter, das mit Jesus Christus begonnen hat[34] und im Neuen Testament endgültig zum Ausdruck kommt«. Das Abstruse seiner Theorie wird unmissverständlich klar, weil er »beweisen« wollte, was er vorgängig für wahr erklärt hatte: die buchstabengetreue Wahrheit der Schrift. Dazu meinte er noch, dass die »Endgültigkeit« des Neuen Testaments schütze dieses vor allen kritischen wissenschaftlichen Untersuchungen. Als Dank für seine Arbeit wurde Lagrange als Mitglied und Berater in die päpstliche Bibelkommission berufen, und seine Zeitschrift, die »Revue Biblique« wurde bis 1908 das offizielle Organ dieser Kommission.

Pater Patrick Skehan, der zur ursprünglichen Gruppe von De Vaux gehörte und später ebenfalls der Päpstlichen Bibelkommission angehörte, sagte noch deutlicher, worum es ging: Letztlich sollte die Arbeit des Bibelforschers sich von der Lehre der Kirche leiten und bestimmen lassen und »immer die Oberhoheit der heiligen Mutter Kirche anerkennen, um definitiv Zeugnis für ihre Lehren abzulegen, die sie von Christus empfangen hat«.[35]

Damit erhärtet sich der schon lange gehegte Verdacht zur Gewissheit, dass die internationale Gruppe letztlich dem Vatikan Rechenschaft schuldig war. Und es wird verständlich, warum der grösste Teil des Qumran-Materials, vor allem vom sogenannten »Sektenmaterial« aus Höhle 4 nie publiziert worden ist. Denn alles, was der offiziellen Lehre der katholischen Kirche widerspricht oder sie auf irgendeine Weise gefährden könnte, *muss* unterschlagen werden, nicht nur gegenüber der Öffentlichkeit, sondern auch gegenüber anderen Wissenschaftlern, auch solchen, die zur eigenen Gruppe gehörten. De Vaux und Milik sichteten immer zuerst jeden Fund, bevor sie ihn weitergaben oder eben nicht.

14

Die Päpstliche Bibelkommission, das Heilige Offizium und die Kongregation für Glaubenslehre in den letzten 66 Jahren

Ab 1956 gehörte jeder Leiter der Ecole Biblique auch der Päpstlichen Bibelkommission an, zuerst De Vaux, ab 1971 Pater Pierre Benoit, ab 1987 Pater Jean-Luc Vesco.

Heute noch überwacht die Päpstliche Bibelkommission alle katholischen Bibelstudien und publiziert Dekrete über »richtigen Weg die Schrift zu lehren«. 1907 erklärte Papst Pius X, dass solche Dekrete obligatorisch anzunehmen seien. 1909 erklärte derselbe Papst das Dekret, dass welcher Schwachsinn! die ersten drei Genesiskapitel wörtlich zu nehmen und historisch richtig seien, dass also Gott, dem jüdischen Kalender entsprechend, die Welt 3761 v. Chr. erschaffen habe.

1964 gab die Kommission ein Dekret heraus, in dem sie der Bibelforschung generelle Vorschriften machte bezüglich der historischen Wahrheit der Evangelien: »Der Interpret muss immer vom Geist breitwilligen Gehorsams gegenüber der Lehrautorität der Kirche erfüllt sein. Welche Enthüllungen er aufgrund seiner Forschungen auch macht: er darf auf keinen Fall der Lehrautorität der Kommission widersprechen.«[37] Und das galt natürlich auch für die Mitglieder der Ecole Biblique.

Nach Papst Pius XII, der wahrscheinlich noch mit dem National-sozialismus zusammenarbeitete, wurde 1959 das **Zweite Vatikanische Konzil** durch Papst **Johannes XXIII** einberufen und 1962 eröffnet. Da er 1963 starb, führte **Papst Paul VI** (Pontifikat: 1963–1978) das Konzil. Er reformierte das »Heilige Offizium«, das unter Papst Paul III 1542 in »Heilige Inquisition« umbenannt worden war und das dun-kelste Kapitel der Kirchengeschichte beginnen liess. Das von Paul VI reformierte »Heilige Offizium« wurde dann im Grunde identisch mit der von ihm 1964 gegründeten »Kongregation für Glaubenslehre« und der »Päpstlichen Bibelkommission«. All diese Institutionen haben das-selbe Domizil im Palazzo del Sant'Offizio in der Citta del Vaticano. Paul VI veröffentlichte aber auch die Enzyklika »humane vitae«, die die menschliche Sexualität strikt an die Fortpflanzung bindet und jede Verhütung verbietet. [Doch warum soll ausgerechnet die katholische Kirche berufen sein, etwas von humaner Sexualität zu verstehen? Es sei denn von pädo-homophiler. Würden sich alle Menschen an diese Enzyklika halten, würden im Jahr 2050 fünfzehn Milliarden unserer Spezies den Planeten bevölkern: eine Zahl, die die Erde gar nicht ver-kraften könnte. Ergo: Die vatikanische Sexualethik ist verantwortungs-los; p. g.].

Die **Ziele des Konzils**:

1. In der Liturgie ist das Latein weitgehend durch die jeweilige Volks-sprache zu ersetzen, damit die Gläubigen besser verstehen, was in einer Messe geschieht.

2. Das Weltepiskopat und damit auch die Ortskirchen sind zu stär-ken. Die Unfehlbarkeit wird auch auf die Bischöfe erweitert, vor-ausgesetzt, dass sie ihre Kollegialität mit dem Papst nie gegen den Primat des Papstes verwenden.

3. Im Verhältnis zu anderen Religionen lehnt die katholische Kirche nichts ab, was diesen Religionen wahr und heilig ist.

4. Erneut anerkennt die katholische Kirche das Hervorgehen des Christentums aus dem Judentum (was nur hinsichtlich Paulus wahr ist, aber sicher nicht für die Essener-Gemeinden vom Toten Meer). 1965 war Paul VI als erster Papst im »Heiligen Land« und der Vatikan anerkannte in der Folge den Staat Israel.

5. Die innerchristliche Ökumene zwischen Katholiken, Reformierten und der orthodoxen Ostkirche ist zu fördern.

6. Das Konzil gibt den spätestens seit der Reformation nicht mehr durchsetzbaren Anspruch der katholischen Kirche auf, dass die Öffentlichkeit und alle staatlichen Institutionen nach katholischen Grundsätzen handeln müssen.

Doch die Hoffnungen, die das Konzil verbreitet hat, verflogen schnell, als der Pole Karol Wojtyla 1978 als Papst **Johannes Paul II** das Ruder der katholischen Kirche für sehr lange Zeit übernahm. Er war Papst bis 2005, also mehr als sechsundzwanzig Jahre: das zweitlängste Pontifikat der Geschichte. Schon zu Beginn seiner Amtszeit wollte er den gleichgesinnten deutschen Kardinal **Joseph Ratzinger**, der dann 2005 sein Nachfolger wurde, zum Präfekten der Kongregation für Glaubenslehre machte. Da Ratzinger zunächst anderweitig verpflichtet war, sagte er 1982 auf dringliches Bitten Wojtylas zu (»jetzt muss ich Sie haben!«). So wurde er neben dem Papst bis 2005 der wichtigste Mann im Vatikan. Die beiden waren stockkonservativ und wollten die Ergebnisse des Konzils rückgängig machen. Als zutiefst pessimistischer Mensch sah Ratzinger den »Zusammenbruch« der Kirche kommen und war der Meinung, einzig die Unterdrückung aller Abweichungen, auch die des Konzils, könne ihr Überleben als einiger Glaube sicherstellen. Ratzinger hat zahlreichen Priestern, Predigern und Lehrern einen Maulkorb verpasst, sie ausgeschlossen oder ihrer Ämter enthoben. Zu den Opfern gehörten zum Beispiel auch Edward Schillebeekx von der Universität Nijmwegen, einer der brillantesten Theologen der damaligen Zeit. 1974 publizierte er eine Abhandlung unter dem Titel »Jesus: Die Geschichte von einem Lebenden«. Darin stellt er die Wahrheit einiger Dogmen in Frage, darunter das der Auferstehung und das der jungfräulichen Geburt. Er wurde 1979 vor das Tribunal der Kongregation für Glaubenslehre geladen und von einem der Richter öffentlich der Häresie bezichtigt. 1983 wurde er erneut vor das Tribunal zitiert wegen einer weiteren Schrift, in der er das Zölibat hinterfragte und mit der Ordinierung von Frauen sympathisierte. Seiher steht er unter ihn hemmenden scharfer Beobachtung. Jedes Wort, das er mündlich oder schriftlich äussert, wird notiert. Noch schlimmer behandelte Ratzingers Kongregation den seit Karl Barth bedeutendsten Schweizer Theologen, Hans Küng, damals Direktor des Theologischen Seminars an der Universität Tübingen. In seinem 1970 erschienen Buch »Unfehlbar?« sagte er, wie immer vorsichtig, dass das erst 1870 verkündete Dogma der päpstlichen Unfehlbarkeit für die heutige Theologie nicht unanfechtbar sei; niemand ausser Gott sei unfehlbar. Seine Freimütigkeit, die an die von Papst Johannes XXIII erinnert, machte ihn zu einem unwiderstehlichen Ziel für das Inquisitionstribunal der Glaubenskongregation. 1979 setzte der Papst auf formellen Antrag von Ratzingers Kongregation für Glaubenslehre Küng von seinem Posten ab, entzog ihm die kirchliche Lehrerlaubnis und teilte ihm mit, dass er sich nicht mehr als katholischer Theologe betrachten dürfe, und verbot ihm jede weitere Veröffentlichung. Küng meinte dazu, dass es Rom nicht um einen Dialog, sondern um Unterwerfung gehe. Damit werde alle zukünftige Theologie verunmöglicht, was durchaus im Sinne des Theologenfeindes Ratzingers war, der eine Rückkehr zum katholischen Fundamentalismus anstrebte. Das zeigt sich auch in seiner Definition von Glaubensfreiheit: »Das verbriefte Recht auf Freiheit des Glaubens rechtfertigt nicht die Freiheit auf Abweichungen. Das Recht auf Glaubensfreiheit hat nicht die Freiheit in Bezug auf die Wahrheit zum Inhalt, sondern die freie Bestimmung eines Menschen, … die Wahrheit zu akzeptieren«.[38]

[Glaubensfreiheit ist also nichts anderes, als die Freiheit, die Wahrheit der katholischen Kirche zu anerkennen. Eine dümmere Definition von Glaubensfreiheit ist mir jedenfalls noch nie begegnet, seit es diesen Begriff gibt; p. g.].

Doch wenn Ratzinger den »Zusammenbruch« der Kirche befürchtet, wenn nicht alle Abweichungen von der »Wahrheit« unterdrückt werden, könnte, wenn seine Kirchenpolitik fortgesetzt wird, zum Untergang nicht nur der katholischen Kirche, sondern auch zu seinem eigenen Untergang führen. Denn er hat als Kardinal Hunderte pädo-homophiler Priester derart verheimlicht, dass seine Achtbarkeit als Kardinal und Papst auf dem Spiel steht. Denn sein heutiges Schweigen in Bezug auf frühere Verheimlichungen grenzt an eine Lüge.

Doch die Schriftrollen vom Toten Meer ein Jahrtausendfund gehören weder der Ecole Biblique noch dem Vatikan. Sie sind keine Glaubensartikel, sondern historisch-archäologisch höchst bedeutsame Dokumente, die Eigentum der ganzen Menschheit sind. Solange Ratzinger, selbst als ,«papa emeritus« die Kongregation für Glaubenslehre beeinflussen kann, wird der Vatikan kein einziges der noch nicht veröffentlichten Dokumente publizieren, und sicher keines der Dokumente aus Höhle 4, die der dem Vatikan verpflichte De Vaux abschätzig »Sektenmaterial« genannt hat. Für alle, die nicht dem Vatikan verpflichtet sind, ist die Geschichte der Qumran-Forschung der grösste wissenschaftliche Skandal der letzten fünfundsiebzig Jahre. Das kann nur damit erklärt werden, dass der Vatikan befürchtet, dass dann Licht auf die historische Entstehung des »Christentums« und das Leben des historischen Jesus fallen würde.

Eine ziemlich genaue Datierung der Entstehung der Qumran-Texte mit der AMS Karbon-14 Methode wäre durchaus möglich, ist aber nie durchgeführt worden.

De Vaux hat sie in die Zeit der Makkabäer-Könige (150–40 v. Chr.) datiert, in eine Zeit also, die für die Entstehung des »Christentums« nicht von Belang sein kann.

Sollten die Rollen aber zur Lebenszeit Jesu beschrieben worden sein, könnte sich herausstellen, dass Jesus selbst der »Lehrer der Gerechtigkeit« war. Gemäss den Evangelien soll er an Politik nicht interessiert gewesen sein, anders als die militanten Vertreter des jüdischen Nationalismus, die Zeloten von Masada. Ygael Yadin hat jedoch nachgewiesen, dass es sehr enge Verbindungen zwischen Masada und Qumran gab. Und man sollte nicht vergessen, dass Jesus nach 28 n. Christus, als er seine Jünger und Apostel in Galiläa suchte, unter diesen auch der Zelot Simon und Judas Iskariot, also ein Iskarier aus der Speerspitze Masadas waren. Jesus wollte die Römer, die »Kittim«, mit denen Jerusalem paktierte aus Palästina verjagen und das Königreich Davids wiederherstellen. Er gehörte zu den Erneuerern des alten Bundes mit dem jüdischen Gott, den die Pharisäer und Sadduzäer durch ihren Pakt mit Rom verraten hatten.

15

De Vaux' Gruppe und Qumran

Man kann die Position der »internationalen« Gruppe mit Baignet und Leigh so zusammenfassen:

1. Die Qumran-Texte werden in die Zeit weit vor Christus datiert.

2. Die Rollen werden als das Werk einer einzelnen abgeschiedenen Gemeinde aufgefasst einer unorthodoxen, an der Peripherie des Judaismus angesiedelten »Sekte«, die nichts mit den vorherrschenden sozialen, politischen und religiösen Strömungen der Epoche zu tun hatte, insbesondere nichts mit dem militanten, revolutionären und messianischen Nationalismus etwa der Verteidiger von Masada.

3. Die Gemeinde von Qumran muss während des allgemeinen Aufstandes in Judäa 66/67 n. Chr. zerstört worden sein. Ihre Dokumente haben ihre Mitglieder vorher aus Sicherheitsgründen in den Höhlen der Umgebung versteckt.

4. Die Glaubensgrundsätze der Gemeinde von Qumran werden grundsätzlich von den christlichen unterschieden. Der »Lehrer der Gerechtigkeit« kann nicht mit Jesus gleichgesetzt werden, da er nicht als göttlich dargestellt wird [Argument?].

5. Da die Verbindungen zwischen Johannes dem Täufer und der Gemeinde von Qumran erwiesenermassen sehr eng sind, wird er

nicht als »richtiger« Christ, sondern als Vorläufer des Christentums eingestuft.[39]

Es ist ein schwerer Fehler, wenn De Vaux aus dem Umstand, dass sich einige Schriftrollen zweifellos auf Ereignisse in vorchristliche Zeit beziehen, zu schliessen, dass dies für alle gilt. Die »Kriegsrolle« spricht von einem »König«, also vom kaiserlichen Rom, das 37 v. Chr. begann. Diese Lederrolle, die 1947 in Höhle 1 gefunden wurde, enthält die Schlachtordnung der »Söhne des Lichts« gegen die römischen »Söhne der Finsternis«, ist sicher während des Prinzipats beschrieben worden. Das heisst aber nicht, wie seit Godfey Driver die meisten meinen, und De Vaux unmöglich akzeptieren konnte, dass die Rolle unmittelbar und als Vorbereitung des jüdischen Aufstandes von 66 n. Chr. und der darauf folgenden römischen, Palästina vernichtenden Invasion beschrieben wurde. Denn für die Gemeinde von Qumran waren die Römer von 153 v. Chr. bis 72 n. Chr. Invasoren. Die Rolle könnte also lange vor 66. n. Chr. entstanden sein. Ihr Urheber könnte durchaus jemand sein, der später einmal sagt: »Ich bin nicht gekommen, den Frieden auf die Erde zu bringen, sondern das Schwert!« (Matthäus, 10, 34).

De Vaux glaubte, dass Qumran durch ein schweres Erdbeben mit Feuerbrunst 31 v. Chr. zerstört worden sei (Dieses Erdbeben gab es jedoch erst im Jahr 32). Dabei wies er auf eine dicke Ascheschicht hin, die die Ruinen von Qumran bedeckte. Er zog diesen Schluss, weil er die Essener Gemeinde von Qumran für eine Gemeinde friedlicher Eremiten hielt, die von Herodes explizit gelobt worden seien. Deshalb hielt er es für ausgeschlossen, dass Qumran mutwillig zerstört worden ist. Dabei nahm er nicht zur Kenntnis, dass Flavius Jospehus von einem zweiten Zweig von Essenern sprach, die eine Gemeinde von Familien war: Und diese Gemeinde ist die Gemeinde von Qumran, während die Eremitengemeinschaft in den Hügeln über en Gedi zuhause war. Qumran wurdedas hat 1957 auch Pater Milik, der engste Freund von De Vaux, als richtig erwogen 37 v. Chr. wurde Qumran mutwillig und so gründlich von Herodes zerstört, dass es bis zu seinem Tod, 4 v. Chr. unbewohnbar blieb, dann aber in Eile, verstärkt durch Verteidigungsanlagen, wiederaufgebaut wurde.

Von den in Qumran gefundenen archäologischen Beweisstücken hatten Münzen gemäss De Vaux und sein Team immer eine bedeutende Rolle gespielt schon zu Beginn seiner Ausgrabungen fand er eine Münze, von der er glaubte, die Insignien der zehnten römischen Legion ausmachen zu können, die Jericho (die tiefstgelegene Stadt der Welt, etwa 14 km von Qumran entfernt) 68 n. Chr. erobert habe. Dabei unterliefen De Vaux zwei krasse Irrtümer. Erstens hat er es geschafft, Flavius Josephus- wohl auch weil dieser Jude war falsch zu lesen: Er schrieb ihm genau das Gegenteil dessen zu, was dieser geschrieben hatte. Josephus hat nie behauptet, dass die zehnte Legion Jericho eroberte. Cecil Roth hat nachgewiesen, dass von den in dieser Gegend stationierten römischen Legionen gerade die zehnte nicht an der Einnahme Jerichos beteiligt war, sondern das obere Jordantal überwachte.[39] Zweitens stellte sich heraus, dass die von De Vaux gefundene Münze überhaupt nicht von einer römischen Legion stammte, sondern im Jahr 72/73 n. Chr. in Aschkelon geprägt wurde.

Robert **Eisenman** ging nun daran, archäologisch zu beweisen, dass Roth und Driver, die auf der Grundlage der inneren Logik der Qumran-Texte, gearbeitet hatten, richtig lagen, obwohl sie von Archäologie keine Ahnung hatten. Doch um dies zu beweisen, musste er zunächst die falsche Auswertung der externen Beweise offenlegen. Er sortierte die Münzen nach der Zeit ihrer Prägung und sah dabei, dass es im wesentlichen zwei Zeitabschnitte besonderer Aktivität der Gemeinde gegeben hat.

Im Verlauf der Ausgrabungen wurden in Qumran etwa 450 Bronzemünzen gefunden, die eine Zeitspanne von rund zweihundertfünfzig

Jahren abdecken, nämlich von 153 v. Chr. bis 136 n. Chr. Die Häufig-keit der Münzen in Bezug auf die Zeitspanne ihrer Prägung weist auf zwei Zeitabschnitte hin, in denen die Gemeinde besonders aktiv war: zwischen 103–76 v. Chr. und zwischen 6 und 67 n. Chr., wobei man feststellen kann, dass hinsichtlich der zweiten Periode die Zeit zwischen 6 n. Chr. und 41 n. Chr. in Qumran eine sehr hohe Aktivität geherrscht haben muss.

Was De Vaux und sein Team immer wieder übersehen haben, ist der unmissverständliche militärische Charakter einiger Ruinen in Qumran, der natürlich nicht zu De Vaux' friedlichen Eremiten passt. In Qum-ran sieht man heute die Überreste eines mächtigen Verteidigungsturms. Ihm gegenüber sieht man die Überreste einer Schmiede mit eigener Wasserversorgung zum Kühlen der Werkzeuge und Waffen, die hier entstanden. Dass dort »kaum etwas anderes als eine Schmiede war«, bemerkte auch der zu De Vaux' Gruppe gehörende Frank Cross.[40] Ja man hat in Qumran sogar Pfeile gefunden.

Eine weitere Identifizierung Jesus mit der Gemeinde von Qumran zeigt sich in der Frage: Warum feiert Jesus sein Abendmahl an einem Don-nerstag? Auf seine Abendmahlfeier folgt am Freitag sein Pessachfest, an den er gekreuzigt wurde (Matthäus, 26, 17–19). Johannes dagegen setzt das Abendmahl unmittelbar vor dem, für alle anderen Juden gül-tigen Pessachfest an, also am Freitag, an dem Jesus gekreuzigt wurde. Die Differenz liegt in der Verschiedenheit zweier Kalender. Jesus und die Gemeinde von Qumran hatten einen Sonnenkalender, alle ande-ren Juden aber einen Mondkalender. Auch die Gemeinde von Qum-ran hatte ein Fest, das an das Letzte Abendmahl erinnert. In der soge-nannten »Messianischen Regel« steht: »Sie sollen sich um den gemein-samen Tisch versammeln, um zu essen und neuen Wein zu trinken … Niemand soll seine Hand nach den Erstlingen von Brot und Wein aus-strecken vor dem Priester … danach soll der Messias von Israel seine

Hand über das Brot ausstrecken.«Warum Kardinal Danielou aus dem Vatikan schrieb, dass Jesus das Letzte Abendmahl »am Osterabend« nach dem Essener-Kalender gefeiert haben muss, kann nicht stimmen, wie so vieles, das Daneleou gesagt hat.

De Vaux ist wahrscheinlich ziemlich erschrocken, als er zur Kenntnis nehmen musste, dass es Parallelen zu den Evangelien gibt, die in einer Sammlung alter Pergamente, die in der judäischen Wüste erhalten geblieben und nun ans Licht gekommen sind. Der internationalen Gruppe, Repräsentanten der katholischen Kirche, ist wohl bewusst geworden, welchen religiösen Sprengstoff sie in ihren Händen hielten, ein Sprengstoff, der die christliche Lehre und den christlichen Glauben einstürzen lassen könnte.[42]

.

16

Die Rollen vom Toten Meer und das »Christentum«

Es gibt viele Qumran-Texte, die mit dem »Christentum« übereinstimmen: So gab es eine Taufe, die Vollmitgliedern der Gemeinde nach einer Probezeit von in der Regel drei Jahren zukam, in der sie von allen Sünden gereinigt wurden: annährend vergleichbar mit dem christlichen Sakrament. Gemäss der Apostelgeschichte sollen die Mitglieder der von Jakobus dem Älteren, dem »Bruder des Herrn«, nach der Kreuzigung Jesu geführten Essener-Gemeinde in Jerusalem, alles gemeinsam besessen haben: »Alle Gläubigen aber hatten alles gemeinsam. Sie verkauften ihren Besitz, ihre Habe und verteilten sie an alle, je nachdem einer bedürftig war«. (Apostelgeschichte, 2, 44–46). Die erste Vorschrift der Gemeinderegel von Qumran lautet ähnlich: »Und die Willigen [die Neuaufgenommenen] … sollen all ihre Kenntnis und ihre Kraft … in die Gemeinschaft Gottes bringen«.[43] Was das Vermögen betrifft, können die Neuaufgenommenen sich [bis zum Ende der dreijährigen Probezeit] überlegen, ob sie dieses in Gemeinschaft Gottes einbringen wollen. Wenn nicht, schreibt die Gemeinderegel eine sechsmonatige Busse vor.[44]

Wenn man den von De Vaux Sektenmaterial genannten Corpus v. Chr. datiert, ist die Originalität und Einzigartigkeit Jesus' in Frage gestellt. Was er gesagt hat, wäre dann nicht nur von ihm, sondern Teil eines Flusses von Gedanken und Lehren, der schon vor ihm wirkte. Sollte dieser Corpus jedoch zu seiner Lebenszeit entstanden sein, wäre er so auslegbar, dass der »Lehrer der Gerechtigkeit« Jesus selbst war, der in der Gemeinde von Qumran jedoch nie als göttlich angesehen wurde. Es könnte sich dann herausstellen, dass Jesus gar nie die Absicht hatte, eine neue Religion zu stiften oder das mosaische Gesetz aufzuheben. In der Bergpredigt legt er seinen Standpunkt, den Paulus später verraten hat, unmissverständlich dar:

»Meinet nicht, sei gekommen, das Gesetz (die Thora) oder die Propheten aufzulösen. Ich bin nicht gekommen aufzulösen, sondern zu erfüllen. Denn wahrlich ich sage euch: Bis Himmel und Erde vergehen, wird nicht ein Jota oder Häkchen vom Gesetze vergehen, bis alles geschehen ist. Wer also eines dieser geringsten Gebote aufhebt und die Menschen so lehrt, wird der Geringste heissen im Himmelreich« (Matthäus 5 17–19). Gemäss dieser Aussage wird der Superapostel Paulus zu den Geringsten gehören.

Der Apostelgeschichte zufolge führten nach der Kreuzigung Jesu *zwölf* Apostel die sogenannte Urkirche. Dabei hatten drei von ihnen eine besondere Autorität: die Brüder des Herrn väterlicherseits, Jacobus der Ältere und Johannes sowie Petrus. Nach der Gemeinderegel von Qumran regierte ein »Rat« von *zwölf* Männern die Gemeinschaft. Und auch nach ihr werden drei Priester herausgehoben. Es bleibt allerdings offen, ob diese drei zu den Zwölfen noch hinzukommen.[46]

Johannes der Täufer, der 28 n. Chr. an seiner Taufstelle im peräischen Bethsaida von Antipas/Herodias verhaftet und dann in Macharaeus verkerkert wurde, gehörte zuvor sicher zu den Zwölfen. Er, der zwei Generationen älter war als Jesus, also zur Generation von Jesus Grossmutter Anna gehörte, war wohl verantwortlich für das Taufen und die Reinigungszeremonien. Doch wer könnte zur oberen Dreierspitze gehört haben?

Ich meine, dass es Jesus und seine Brüder väterlicherseits: Jakobus der Ältere und Johannes, sein Lieblingsjünger, waren. Das würde bedeuten, dass Jesus, als er um 28 n. Chr. Qumran (und erstmals in seinem Leben Judäa) verliess und nach Kafarnaum an den See Genezareth zog, die beiden schon bei sich hatte. Diese musste er also nicht aus dem dortigen Boot des Zebedäus zu Aposteln berufen. Und dasselbe gilt wahrscheinlich auch für die beiden Zeloten aus Masada, für Simon, den Zeloten und den Iskarier Judas: Wie sollten die beiden denn sonst von Masada an den See Genezareth gekommen sein? Jesus musste am See Genezareth nur noch acht geeignete Männer finden, um sie zu Aposteln zu machen: nämlich Petrus und sein Bruder Andreas, die beide aus dem nördlichsten Ort am See stammten, sowie Philippus, Bartholomäus, Thomas, Matthäus, Jakobus der Kleine, Sohn des Alphäus und Thaddäus. Daneben gab es weitere Jünger und Jüngerinnen, wobei Letztere auf ihren Reisen durch Galiläa für das ökonomische Wohl Jesu und seine Begleitung sorgten. Dazu gehörten Salome, die Schwester Marias, Maria Magdalena (aus Magdala), die ehemalige Hure, von der es im koptisch geschriebenen, im ägyptischen Nag Hammadi gefundenen Philippusevangelium heisst, dass sie die Lieblingsjüngerin und Gefährtin Jesu gewesen sei: die beiden hätten sich geliebt und auf den Mund geküsst. Ob dieses apokryphe Evangelium eine Fälschung ist oder nicht, bleibe hier noch dahingestellt. Ob auch Maria, die Mutter Jesu, zu diesen Jüngerinnen zählte, ist nicht sehr wahrscheinlich, wenn man die im Johannesevangelium erzählte Geschichte von der Hochzeit in Kana denkt (Johannes, 2, 1–5), wo Maria Jesus darauf aufmerksam macht, dass man keinen Wein mehr habe. Die Antwort Jesu: »Was habe ich mit dir gemeinsam Frau? Meine Stunde ist noch nicht gekommen«.

17
Die einzelnen Schriftrollen vom Toten Meer

Offiziell hat man in Qumran etwa achthundertfünfzig Schriftrollen gefunden (und 1917 eine weitere), die den Zeitraum von 153 v. Chr. bis 72 n. Chr. abdecken. Wie viele Rollen seit ihrer Entdeckung durch die Beduinen zwischen 1947 und 1952 auf dem Schwarzmarkt verhökert wurden, ist völlig unklar; es war jedenfalls ein riesiges Geschäft. 1952/53–1956 wurde in Qumran unter Leitung von De Vaux und Lankester Harding vom transjordanischen Amt für Altertümer jährlich systematisch gegraben. Dabei kletterten natürlich die Beduinen in den Felsen herum und gruben, während die beiden Regisseure unten die Funde registrierten und kartographierten.

Auch hier bleibt es völlig unklar, wie viele Rollen und Höhlen die Beduinen verheimlichten und unterschlugen.

Die meisten der offiziell gefundenen Rollen und Fragmente kommentieren Bücher des Alten Testaments und anderer jüdischer Schriften. Doch hier soll es nur um die von De Vaux als »Sekten-Material« bezeichneten Rollen gehen.

17.1 Die Gemeinderegel oder Rolle der Regel

In dieser Rolle, deren Inhalt schon weitgehend erörtert worden ist, werden die Regeln des Zusammenlebens der Wüstengemeinde genannt und der hierarchische Aufbau der Gemeinde beschrieben. Es gibt Anweisungen für den »Meister« und die ihm zur Seite stehenden Untergebenen. Neben Verhaltensregeln gibt es einen Sühnekanon für Verstösse gegen die Ordnung der Gemeinde. So soll »wer wissentlich lügt«, eine sechsmonatige Strafe erleiden.[48] Alle Mitglieder müssen in den Bund vor Gott eintreten und alles tun, was er befohlen hat.[49] Wer auf ihn hört, wird »gereinigt von allen seinen Sünden«.[50] Alle Mitglieder der Gemeinde, sollen diesen Bund wahren und »mit Eifer bedacht sein auf das Gesetz«.[51] Erwähnt wird auch der zwölfköpfige »Rat« der Gemeinde, von dem schon gesprochen worden ist. Ferner spricht die Gemeinde auch von der königlichen Gestalt eines Messias, der aus dem Stamm Davids und Salomons kommen wird. Dabei bedeutet »Messias« nicht das, was es in der christlichen Tradition bedeutet, sondern »der Gesalbte«. In der jüdischen Tradition werden nur Könige und hohe religiöse Führer gesalbt.

17.2   Die Kriegsrolle

Diese Rolle fand man in den Höhlen Qumrans 1 und 4. Sie beschreibt Strategie und Taktik des Kampfes gegen das kaiserliche Rom. So sollen sich zum Beispiel »Sieben Abteilungen von Reitern … zur rechten und linken Seite der Schlachtreihe aufstellen«.[52] Der oberste Führer Israels gegen den Feind, die »Kittim« oder Römer wird eindeutig als »der Gesalbte« bezeichnet, als königlicher Krieger und Priesterkönig. Der Gesalbte wird auch als »Stern« bezeichnet, der der den Kampf Israels gegen die die »Kittim« als Schlacht der »Söhne des Lichts« gegen die »Söhne der Finsternis« anführen wird. Auch Simeon Bar Kochba, der den Aufstand zwischen 132–135 n. Chr. anführte, hat sich als »Stern« bezeichnet. Sein Aufstand wäre fast gelungen, denn er regierte Jerusalem und seinen freien jüdischen Staat während beinahe drei Jahren.

Der gleiche Zusammenhang der beiden Worte »Messias«, »der Gesalbte« und »Stern« findet sich auch bei den römischen Historikern des ersten Jahrhunderts: Tacitus, Sueton und Flavius Josephus.

Baigent und Leigh schliessen etwas überhastet, dass die »Kriegsrolle« kurz vor dem Aufstand 66–68 n. Chr. entstanden sei, den die römischen Invasoren dann mit der vollständigen Zerstörung Palästinas beantworteten. Doch Invasoren waren die Römer für antirömisch nationalistischen Juden vom Toten Meer schon seit 153 v. Chr. Die Kriegsrolle ist zwar sicher während der römischen Kaiserzeit entstanden. Denn die Rolle spricht von einem *König* der Feinde. Und schliesslich muss man auch von Aufstandsplänen und -erwartungen sprechen, was ganz neue Optionen eröffnet: Der Aufstand gegen Rom könnte ja schon früher erwartet worden sein. Jesus wurde ja ans Kreuz *genagelt*. Und das ist eine Strafe, die im römischen Recht nur gegen staatsgefährdende, die öffentliche Ordnung missachtende Rebellen verhängt werden konnte. Warum sollte die Rolle nicht etwa um 28 n. Chr., nach der Enthauptung des Täufers, geschrieben worden sein von einem, der später einmal gesagt hat: »Glaubet nicht, ich sei gekommen, Frieden auf die Erde zu bringen. Ich bin nicht gekommen Frieden zu bringen, sondern das Schwert« (Matthäus, 20, 34–35).

17.3   Die Kupferrolle

Die in Höhle 3 gefundene Rolle listet ein Verzeichnis von einundsechzig Orten auf, an denen Teile des Schatzes vom Tempel von Jerusalem versteckt worden sind. Versteckt wurde der Schatz, den ich als solchen schon erörtert habe, vor den römischen Soldaten, was aber nicht heisst, dass die Rolle wie Baignet und Leigh annehmen kurz vor der römischen Invasion 68 n. Chr. entstanden ist. Den Tempelschatz vor den Römern zu verstecken, hatte die Gemeinde von Qumran, die ja auch einen Ableger in Jerusalem hatte, schon lange vorher gute Gründe. Die Verstecke, von denen die meisten in der Nähe des Tempels lagen, wohl aber auch in der Gegend von Qumran, konnten nie ausfindig gemacht werden, weil die Namen der Orte, an denen die Schätze versteckt worden sind, mit den Namen heutigen Orte nicht mehr in Übereinstimmung zu bringen sind.

Die Verfechter der These, dass es sich beim Tempelschatz um ein Phantasieprodukt handle, müssen sich jedenfalls fragen, warum diese Rolle überhaupt entstanden ist. Sie bezeichnen die Rolle nur deshalb als Phantasieprodukt, weil alles andere ihrer These widerspricht, dass Qumran eine völlig isolierte Gemeinde war, die mit dem Rest des damaligen Judentums nichts zu tun hatte. Die Rolle beweist aber, dass Qumran mit dem Tempel von Jerusalem und dort ansässigen Gruppen in enger Beziehung gestanden haben muss. Übrigens hat man 1988 in einer nördlich von Höhle 3 einen weiteren Fund gemacht, der zum Tempelschatz gehört haben könnte. Man hat dort einen Krug gefunden, in den sich ein dickflüssiges rotes Öl befand, das von allen heutigen Ölen völlig verschieden ist. Es wird heute von vielen angenommen, dass es sich um Balsamöl handelt, das zur Salbung der rechtmässigen Könige Israels verwendet worden ist. Bestätigen lässt sich das allerdings nicht, weil es den Balsambaum schon lange nicht mehr gibt.[47]

[Heute wird der kleinwüchsige, immergrüne Balsambaum in Süd- und Mittelamerika wieder kultiviert. Er liefert Balsamöl; p. g.].

17.4 Die Tempelrolle

Yigael Yadin hat dieser wahrscheinlich in Höhle 11 in Qumran gefundenen Rolle diesen Namen gegeben. Sie handelt zum Teil vom nachherodianischen Tempel in Jerusalem, seiner Anlage und Ausstattung. Doch im Wesentlichen ist die Rolle ein Gesetzbuch, so etwas wie das sechste Buch der Thora. Die ersten fünf sollen von Moses auf dem Berg Sinai empfangen und von ihm selbst geschrieben worden sein. In diesem sechsten Gesetzbuch finden sich Gebote, die die Ehe und den Geschlechtsverkehr regeln sowie Gesetze, die das Königtum Israels betreffen. So darf der König niemals ein Fremder sein. Er darf nur eine

Frau haben und es ist ihm, wie allen anderen Juden, verboten, seine Schwester, Tante, die Frau seines Bruders oder seine Nichte zu heiraten. Die meisten dieser Gebote sind schon im Leviticus, dem dritten Buch Moses, (18–20) enthalten. Neu aber ist das Verbot der Ehe mit einer Nichte, die in der herodianischen Dynastie vielfach praktiziert wurde. Weder die Makkabäer-Könige, in deren Zeit die Gruppe um De Vaux die Rollen datierte noch frühere jüdische Könige hatten ihre Nichten geheiratet, weshalb es auch keinen Grund gab, dies zu verbieten. Das Verbot der Nichten- und Onkelheirat, usw. wird in den Rollen von Qumran nur noch einmal erwähnt: in der sogenannten »Damaskus-Schrift«.

17.5 Die Damaskus-Schrift

Diese Schrift wurde ein gutes halbes Jahrhundert vor den Rollen vom Toten Meer in Kairo gefunden, und zwar in einer sogenannten Genisa, einer Kammer auf dem Dachboden einer alten Synagoge, in der überzählige religiöse Texte und Kultgegenstände aufbewahrt wurden. Die Schrift stammte aus dem neunten Jahrhundert n. Chr. Da Salomon Schlechter (1847–1915) von der Universität Cambridge sich damals in Kairo aufhielt, kam er 1896 über den Oberrabbiner Kairos in den Besitz einzelner Fragmente aus der Genisa. Eines der Fragmente war das hebräische Original eines Textes, den man tausend Jahre lang nur in Form von Übersetzungen gekannt hatte. Das motivierte Schlechter 1896 den ganzen Inhalt der Genisa in seinen Besitz zu bringen und nach Cambridge zu überbringen: hundertvierundsechzig Kisten mit etwa dreihunderttausend Schriften, viele davon in Form von Fragmenten. Dabei stellte sich heraus, dass zwei hebräische Fassungen der sogenannten Damaskus-Schrift spätere Kopien eines viel älteren Werkes waren, das in Qumran gefunden wurde. Sie war jedenfalls unter diesem Namen in der Liste vermerkt, die die internationale Gruppe von allen Qumran-Texten erstellt hatte und die auch Eisenman besass und öffentlich machte.

Die Damaskus-Schrift beschreibt an ihrem Anfang eine Gruppe von Juden, die im Unterschied zu allen anderen Juden treu zum Gesetz standen. Hervorgehoben wird ein »Lehrer der Gerechtigkeit«, der wie Moses seine Glaubensbrüder in die Wüste führte, an einen »Damaskus« genannten Ort, wo sie einen neuen Bund mit Gott schlossen, den die mit den Römern paktierenden anderen Juden gebrochen hatten. Es ist natürlich derselbe Bund, von dem auch in der Gemeinderegel aus Höhle 4 die Rede ist.

Ebenso klar ist, dass der in der Schrift Damaskus genannte Ort in der Wüste nicht die römisch zivilisierte Stadt in Syrien sein kann. Man kann also den Ort, wo die Gemeinde, lebte durchaus »judäisch Damaskus« nennen. Ein Deckname war »Damaskus« niewie Baignet/Leigh meinten, weil der Ort von zu vielen unter diesem Namen bekannt war.

Wie die Gemeinderegel enthält auch die Damaskus-Schrift Vorschriften und Gebote. Doch ein Gebot kommt in der Gemeinderegel nicht vor. Es bezieht sich auf Ehe und Kinder und eine sehr begrenzte Auffassung von Unzucht: Niemand darf mehr als eine Frau haben und seine Nichte zu ehelichen, ist verboten. Zwei weitere Vergehen werden angeprangert, die unter den Feinden des »Gerechten«, vor allem den mit Rom zusammenarbeitende Juden Jerusalems grassiert haben sollen, nämlich Reichtum und Zweckentfremdung des Tempels. Die Schrift spricht auch von einem Konflikt innerhalb der Gemeinde, der noch deutlich im Habakuk-Kommentar zum Ausdruck kommt. In diesem Konflikt tritt eine Person auf, die als »Lügenpriester« bezeichnet wird, weil sie mit dem Versprechen, sich an die Regeln zu halten in die Gemeinde eingetreten ist, dann aber von ihr abfällt und ihr Feind wird. In der Damaskus-Schrift werden alle verurteilt, »die in den neuen Bund im Lande Damaskus eingetreten sind, sich aber abgewandt und Verrat geübt haben«.[55]

Die Damaskus-Schrift spricht wie die Gemeinderegel und die Kriegs-rolle auch von einem Messias, einem »Gesalbten«, der nach Damas-kus kommen wird: ein Prophet und Exeget des Gesetzes, genannt »der Stern« und ein Königssohn aus dem Stamm Davids, genannt »Zepter«. Den meisten Christen ist Damaskus aus dem neunten Kapitel der Apostelgeschichte bekannt. Auf der Strasse nach Damaskus wird bekanntlich Saulus aus Tarsus, der Jude und römischer Bürger war, zu Paulus bekehrt. In Jerusalem soll er vorher aktiv und fanatisch gegen die die dortige Essener-Gemeinde vorgegangen sein und seine Opfer zu Tode gehetzt haben. Mit dem gleichen Fanatismus geht er mit einer bewaffneten Kohorte und Haftbefehlen des Hohepriesters von Jeru-salem nach Damaskus, um die Mitglieder der abtrünnigen dortigen Juden gefangen zu nehmen und ihre Führer zu töten. Mit Damas-kus kann natürlich nicht die syrische Stadt gemeint sein, weil dort der Befehle des Hohepriesters nicht im Geringsten akzeptiert worden wären. Und das römische Imperium hätte ohnehin nicht geduldet, dass eine jüdische Kohorte in Syrien Verhaftungen und Hinrichtun-gen durchführt. Einen einsichtigen Sinn bekommt die Unternehmung des Saulus erst, wenn mit Damaskus Qumran beziehungsweise judäisch Damaskus gemeint ist.

17.6   Der Habakuk-Kommentar

Der Habakuk-Pesher berichtet von dem Konflikt, dass einige Mit-glieder von der Gemeinde abgefallen seien, angestiftet von einer als »Lügenpriester« genannten Person. Sie hätten den Bund gebrochen, ja verraten und das Gesetz nicht weiter befolgt. Der Lügenpriester wurde wahrscheinlich vom »Meister der Gerechtigkeit« so bezeichnet. Wer der Lügenpriester ist, muss vorerst offenbleiben. Im gleichen Dokument ist auch von einem »Frevelpriester« die Rede. Die internationale Gruppe hat die beiden als identisch angesehen und die Person als Jonathan aus der Zeit der Makkabäer (152 v. Chr.) »identifiziert«. Eisenman hingegen hat die These verfochten, dass es sich um zwei verschiedene Personen handelt, dass der Lügenpriester von Qumran aus so genannt wurde, dass der Frevelpriester aber zur etablierten Priesterschaft des Tempels von Jerusalem gehöre. Dann könnte der Frevelpriester einfach der Hohepriester gewesen sein, der Saulus mit Verhaftungs- und Tötungsbefehlen nach judäisch Damaskus geschickt hat. Dieser wäre zwar ein Gegner, aber weder ein Lügner noch ein Verräter. Wenn Baigent und Leigh daraus schliessen, dass die Priesterschaft und der Tempel noch in Funktion gewesen seien, ist das eine viel zu vage, ja geradezu tautologische Datierung des Habakuk-Kommentars.[56]

Wir werden noch zeigen, dass er um 41 n. Chr. geschrieben wurde.

18
Die Essener

Wir haben bisher von römischen Schriftstellern wie Plinius dem Älteren[57] und Philo[58] übermittelt bekommen, dass die Essener eine judaistische Splittergruppe zölibatär lebender Einsiedler waren. Der jüdisch-römische Historiker Flavius Josephus hat uns aber gesagt, dass es einen zweiten Zweig von Essenern gegeben habe, der eine Familiengemeinschaft war.[59] Die pazifistischen Eremiten lebten in den Hügeln über En Gedi. Die politisch interessierte Männer-Frauen-Kinder-Gemeinde wohnte in Qumran. Weiter wird von Josephus überliefert, dass die Essener Annehmlichkeit und Reichtum verachteten und quasi als kommunistische Kommune alles gemeinsam besassen. Wer sich ihnen anschliessen wollte, musste nach einer dreijährigen Probezeit dem Privateigentum entsagen. Sie bestimmten ihre Führer aus den eigenen Reihen und unterhielten Niederlassungen in allen Städten Palästinas. Sie waren keine Vegetarier, sondern assen auch Fleisch. Auch seien sie hervorragende Kenner des Alten Testaments und der Lehren der Propheten gewesen und hätten das mosaische Gesetz für unantastbar betrachtet. »Nächst Gott zollen sie die grösste Verehrung dem Namen des Gesetzgebers: »Wer diesen lästert, wird mit dem Tode bestraft«. Schmerzen überwinden sie durch Seelenstärke … und wenn man sie zur Lästerung des Gesetzgebers oder zum Genuss einer ihnen verbotenen Speise gezwungen hätte, hätten sie einen ruhmvollen Tod dem längsten Leben vorgezogen.« Und wenn Josephus über die Hinrichtung des Täufers spricht, der, wie ich meine, etwa sechs oder sieben Jahre mit Jesus in Qumran zusammengelebt hat, meint er, dass diese Hinrichtung nicht aufgrund der Kritik von Johannes am doppelten Ehebruch von Herodes Antipas und Herodias geschehen sei, sondern aus politischen Gründen: Antipas befürchte, dass in Qumran eine Rebellion geplant werde. Er konnte aber dort nicht eingreifen, weil Judäa nicht zu seinem Herrschaftsgebiet gehörte, sondern nur in Bethanien, welches in Peräa liegt, wo der Täufer an seiner Taufstelle verhaftet wurde. Dass zeigt deutlich, dass die Essener-Gemeinde von Qumran politisch sehr engagiert und der römischen Besatzungsmacht äussert feindlich gesinnt war, ähnlich wie die Zeloten von Masada. Man denke zum Beispiel an die »Kriegsrolle«.

Als im Zeitalter der Aufklärung das Denken freier wurde, sagte kein anderer als Friedrich der Grosse völlig überzeugt: »Jesus war eigentlich ein Essener«.

Und als Renan 1863 seinen berühmt-berüchtigten Bestseller »Das Leben Jesu« veröffentlichte, zog er den Schluss, das Christentum sei ein weitgehend geglücktes Essenertum. Ob das Christentum aus dem Essenertum entstanden ist, muss ich aber in Frage stellen. Und wenn dies trotzdem so wäre, beruhte es auf dem folgenreichsten Missverständnis der letzten zweitausend Jahre. Doch davon später.

Die klassischen Schriftsteller verwenden die Bezeichnung »Essener« zur Benennung einer bedeutenden Strömung des Judaismus, und zwar in einem Atemzug mit den Pharisäern und Sadduzäern. Doch in den Schriftrollen vom Toten Meer taucht Ausdruck »Essener« gar nicht auf. Der Name »Essener« ist deutsch und wird nur von den klassischen Schriftstellern Josephus Plinius und Philo verwendet und nur in der griechischen Form »Essenoi«. Josephus spricht, zwar von einem zweiten Zweig der Essenoi, die die Ehe eingingen, weshalb man in Qumran auch Vorschriften über die Ehe und die Erziehung von Kindern gefunden hat sowie Frauen- und Kindergräber. Keiner der klassischen Autoren weist darauf hin, dass die Essenoi sich nach einem Sonnenkalender und nicht nach dem üblichen judäischen Mondkalender richteten. Das zeigt sich daran, dass Jesus wie schon erwähnt sein Abendmahl am heute sogenannten »Gründonnerstag« feierte und nicht wie die übrigen Juden am darauf folgenden Freitag. Mit Ausnahme einer kleinen Bemerkung bei Josephus, in der es um die Hinrichtung des Täufers geht, waren die Essener Pazifisten und ganz verschieden von den militanten und nationalistisch eingestellten Zeloten von Masada. Die Gemeinde von Qumran zeigt sich aberman denke nochmals an die »Kriegsrolle«. Der kriegerische Charakter dieses Textes macht deutlich, dass die Gemeinde von Qumran der Gemeinde von Masada viel näher stand, als viele meinten.

Da die Gemeinde von Qumran vor allem hebräisch und aramäisch schrieb, versuchte Geza Vermes von der Universität Oxford den Namen »Essener« vom aramäischen Wort »assayya« herzuleiten, was so viel wie »Heiler« bedeutet. Doch in der Gemeinde von judaistisch Damaskus kommt dieses Wort gar nicht vor. Damit muss Vermes' Herleitung reine Spekulation bleiben. Sie ist ein Blindgänger.

Die Gemeinde von Qumran verwendete also für sich selbst nie die Bezeichnung »Essener« »Essenoi« oder »assaya«, hatte aber trotzdem ein ausgeprägtes Selbstverständnis.[60] Dieses gründet sich auf den entscheidenden »Bund« den die Qumraner durch Eid schworen, in dem sie absoluten Gehorsam gegenüber dem mosaischen Gesetz gelobten. So bezeichnen sich die Autoren der Schriftrollen vom Toten Meer als »Wahrer des Bundes«. Dieser Spur folgend fand Eisenman im Habakuk-Kommentar den aufschlussreichen Ausdruck »Osei ha-Thora«, der so viel wie »Befolger des Gesetzes« bedeutet. Da der Plural von »Osei« »Osim« ist, könnten sich die Mitglieder der Gemeinde von Qumran Osim genannt haben.[61]

Der frühchristliche Autor Epiphanios (315–403), Bischof vom zypriotischen Salamis, erwähnt eine angeblich »häretische« judäische Sekte, die einst im Gebiet um das Tote Meer ansässig war und deren Mitglieder sich »Ossenes« genannt haben. Dass die »Ossenes« des Epiphanios und die »Osim« von Qumran dieselbe Gruppe waren, ist daher kaum mehr zu bezweifeln.

Man musswie schon Matthew Black von der schottischen Universität St. Andrews 1969 sagteden Begriff Essener weiter fassen, nicht nur weil Qumran in allen Städten Palästinas Ableger hatte. Vielmehr sei Essener die allgemeine Bezeichnung einer weitläufigen, nonkonformistischen, gegen Jerusalem und die Pharisäer gerichteten Bewegung aufzufassen.[62]

Einer der Namen, mit denen sich die Gemeinde von Qumran selbst bezeichnete, war »Wahrer des Bundes«, hebräisch »Nozrei ha-Brit«. Davon leitet sich das Wort »Nozrim« her, die eine der frühesten Bezeichnungen für die später als »Urchristen« bekannt gewordene Sekte ist.[63] Doch die Nozrei ha-Brit bzw. Nozrim haben weder mit dem Urchristentum noch mit dem Christentum zu tun. Denn das Christentum ist erst 42 n. Chr. in Antiochia am Orontes durch Paulus entstanden. Erst ab dann konnten die Araber das Wort »Nasrani« für Christen gebrauchen. Das Wort »Nasrani« ist deshalb nicht von «Nozrei ha-Brit« bzw. »Nozrim« ableitbar. Das Wort »Nozrim« müsste man besser mit Essenertum und hinsichtlich der Jahre 22–28 n. Chr. mit Jesustum gleichsetzen. Und beide haben mit dem Christentum nicht nur nichts zu tun, sondern wurden erbitterte Feinde des Christentums. Und auch »Nazaräer«, »Nazoräer« »Nazareth« sind nicht ableitbar von Nozrei ha-Brit oder »Nozrim«. All die vorher genannten Namen sind etymologische Blindgänger.

19
Die Wurzeln der Essener

333 v. Chr. durchzogen die Truppen Alexander des Grossen auch das Heilige Land. In den folgenden etwa zwei Jahren wurde Palästina von hellenistischen und griechischen Dynastien regiert. Das führte dazu, dass auch die Priesterschaft des Tempels in Jerusalem hellenistische Sitten, Lebensformen, Werte und Verhaltensweisen annahm. Gegen diese Liberalisierung entstand eine konservative Reaktion von Unnachgiebigen. Ihre Bewegung, die 167 v. Chr. begann, prangerte die heterodoxe und freizügige Gleichgültigkeit gegenüber den alten Traditionen und die Missachtung des mosaischen Gesetzes der Libertären scharf an. Damals kam Mattathias Makkabäus von Modeïn bei Lod nach Jerusalem, wo er einen Juden an einem heidnischen Altar opfern sah. Beim Anblick solcher Blasphemie erschlug er diesen, ohne zu zögern »vor Eifer für das Gesetz« (1 Makk. 2, 26). Kurz nach diesem Vorfall im Tempel rief er zum Aufstand auf und sagte: »Wer noch für das Gesetz eifert und treu zum Bunde steht, der folge mir nach« (Makk. 2.27). Das machte Mattathias, wie Eisenman sagt, zum ersten eigentlichen »Zeloten«.[64] Dann durchzog er das Land mit seinen Söhnen Judas, Jonathan und weiteren Männern aus Israel. Bevor Matthatias ein Jahr später starb, ging die Führung der Bewegung an seinen Sohn Judas über. Dieser und seine Begleiter zogen sich aber in die Berge der Wüste zurück und ernährten sich bloss von Kräutern, ähnlich wie das später der Täufer und Jesus getan haben. Von der Wüste aus, dem Ort ihres Fastens und Besinnens, begannen sie einen langwierigen Kleinkrieg, der sich aber letztlich zu einem veritablen Aufstand entwickelte, während

dem wohl auch die Essener-Gemeine von Qumran entstanden ist, etwa 153 v. Chr.

Um 152 v. Chr. haben die Makkabäer die Kontrolle über Judäa errungen, befriedeten das Land und inthronisierten sich als Herrscher. Nachdem sie den Tempel eingenommen hatten, reinigten sie ihn von allem, was an Heiden erinnerte. Sie waren gleichzeitig Könige und Priester, stellten das Priesteramt aber über das weltliche Herrscheramt. Vom Priesteramt aus machten sie sich zu militanten und fanatischen Wächter des mosaischen Gesetzes. Dabei beriefen sie sich auf den angeblichen »Bund des Pinschas« (Numeri, 25, 7 ff.). Pinchas soll, nachdem Moses die Israeliten aus Ägypten nach Palästina geführt hatte, dort die Führung übernommen haben. Schon kurz nach seinem Herrschaftsantritt soll er einen Mann, der eine heidnische Fremde zur Frau genommen hatte, ohne zu zögern mit dem Speer durchbohrt haben. Gott soll erklärt haben, Pinchas sei der einzige Mensch, der »denselben Eifer hat wie ich«. Dieser xenophobe Fanatismus gegen fremde Sitten, Bräuche und fremde Ehefrauen scheint für die Zeloten und Zadokiter charakteristisch gewesen zu sein. Dass die Zeloten engste Beziehungen zu den Essenern von Qumran pflegten, haben wir schon mehrmals gesagt, auch dass Jesus mindestens zwei Zeloten in seiner Jüngerschaft hatte.

Die Bewegung, die mit dem Makkabäer Mattathias begann, kam erst mit dem von Rom gesteuerten Herrschaftsbeginn von Herodes 37 v. Chr. an ein Ende. Dieser versuchte, seine anfänglichen Legitimitätsdefizite zu beheben, indem er sich von der Nabatäerin Doris trennte und die makkabäische Prinzessin Mariammne heiratete. Doch seine Herrschaft war erst gesichert, als er 29 v. Chr. Mariammne und ihren Schwager, Kosobarus, ermordet und so das Geschlecht der Makkabäer endgültig ausgelöscht hatte. Er zerschlug auch das höhere Kader der Priesterhierarchie und ersetzte es durch mit Rom verbandelte Sadduzäer, die als Jerusalems korrupte Oberschicht dann für lange Zeit ein lukratives Monopol über den Tempel und alles, was mit ihm zu tun hatte, ausübten, ohne auch nur den geringsten »Eifer für das Gesetz« zu zeigen. Ihre Gegner, die weiterhin für den diesen eintraten, werden in den Schriften von Qumran »Zadokiter« oder »Söhne Zadoks« genannt. Im Neuen Testament werden sie, fälschlicherweise abgeleitet von »Nozrim«, wie sich die Essener selber nannten. Bei Josephus werden sie »Zeloten«und »Sikarier« genannt. Für die Römer waren sie einfach »Terroristen, Gesetzlose, Wüstengesindel«. Sicher ist, dass es zu Beginn des 1. Jahrhunderts n. Chr. eine breite nationalistische Opposition gegen die herodianische Regierung, gegen die sadduzäische Priesterschaft des Tempels und gegen das Römische Reich gab, das der Träger beider Institutionen war. Die historische Bewegung der Zeloten soll in den Anfängen des 1. Jahrhunderts n. Chr. von Judas von Galiläa beziehungsweise von Judas von Gamala gegründet worden sein. Judas rief nach dem Tod von Herodes 4 n. Chr. zum Aufstand auf. In Begleitung eines als »Sadduk« bekannten Priesters (eine griechische Abwandlung von »Zadok« oder wie Eisenman nahelegt»Zaddik«, [der herbräische Ausdruck für »der Gerechte«] stürmten Judas und seine Anhänger 4 n. Chr. das königliche Waffenarsenal der galiläischen Stadt Sepphoris und nahmen das Kriegsgerät mit. Dann wurde der Winterpalast von Herodes in Jericho (in der Nähe von Qumran) niedergebrannt.[65] Das heisst natürlich nicht, dass es bis zum grossen Aufstand vom 66–67 n. Chr. nur noch Kleinkriege und Terrorakte, aber keine Planungen grösserer Aufstände mehr gab. Man denke an das Jesuswort:»Glaubt nicht, ich sei gekommen, Frieden auf die Erde zu bringen, sondern das Schwert. Denn ich bin gekommen, den Sohn mit seinem Vater zu entzweien, die Tochter mit ihrer Mutter, die Schwiegertochter mit ihrer Schwiegermutter« (Matthäus 10, 34–36) die, was ihre Exegese betrifft, wohl schwierigste Stelle des Neuen Testaments ist. Doch davon später.

Das Ganze zeigt, dass es eine dem »Eifer für das Gesetz« verpflichte, nationalistische, ab 62 v. Chr. auch antirömische Bewegung in vielfältigen Formen gab, zu denen auch die Essener-Gemeinde von Qumran gehörte. Sie begann 167 v. Chr. und endete 72 n. Chr., als die Römer nach dem grossen jüdischen Aufstand Palästina völlig zerstörten.

20
Jesus 2: Die Jahre 28 bis 33

Herodes Antipas hat seinen Regierungssitz von Sebaste (Samaria) nach Tiberias am See Genezareth verlegt. Die Stadt baute er zu Ehren des Nachfolgers von Augustus, Kaiser Tiberius (Regierungszeit: 14 bis 37 n. Chr.).

Als Jesus nach der Hinrichtung des Täufers Qumran und damit erstmals Judäa verliess und zusammen mit Jakobus, Johannes und den beiden Zeloten Simon und Judas Iskariot nach Kafarnaum zog, lebte er dort, in seiner galiläischen Basis, weniger als zehn Kilometer von Tiberias entfernt, wo Antipas und Herodias, die Mörder des Täufers, ihren Regierungssitz hatten.

Im Wissen um diese Tatsache musste Jesus, auch weil ihn in Galiläa niemand kannte, seine Strategie ändern. Seine Militanz musste er zumindest vorübergehend verbergen. Nun ging es ihm um den Aufbau einer Gemeinde einfacher Juden, die mit Jerusalem nur wenig Bezug hatten.

Die Darstellung seiner Jahre von 28 bis 33 ist wohl der schwierigste Teil meines Textes, weil die Hauptquellen die historisch nahezu unbrauchbaren Evangelien sind. Zudem hat Paulus viele seiner Briefe schon vor der Niederschrift des ersten Evangeliums (Markus 55 n. Chr.) geschrieben. Zudem haben sowohl Markus als auch Lukas Paulus auf seinen Missionsreisen begleitet, so dass man sagen muss, dass letztlich alle Evangelien durch Paulus und seine Theologie bestimmt sind, was dann zum geradezu kriegerischen Streit zwischen Jakobus dem Gerechten und Paulus geführt hat.

Unter diesen Voraussetzungen lassen wir uns trotzdem auf die Evangelien ein, halten uns aber vorwiegend an das, was Jesus wirklich gesagt haben könnte, auch wenn vieles davon paulinisch verfälscht und interpretationsbedürftig ist.

Der Essener »Jesus zog in ganz Galiläa umher. Er lehrte in den Synagogen, verkündigte die Frohe Botschaft vom Reiche und heilte jegliche Krankheit und jegliches Gebrechen im Volke. Sein Ruf verbreitete sich über ganz Syrien [was im höchsten Mass zu bezweifeln ist]. Man brachte zu ihm alle, die an mancherlei Krankheiten und Plagen litten, auch Besessene, Mondsüchtige und Gelähmte. Grosse Volksscharen aus Galiläa und der Dekapolis (am Südostufer des Sees Genezareth) sowie aus Jerusalem, Judäa und aus dem Lande jenseits des Jordan (Peräa) zogen ihm nach« (Matthäus, 4, 23–25). Über den Wundermacher Jesus, der hinter jeder zweiten Hausecke ein Wunder geschehen lässt, haben wir uns noch zu beschäftigen, wenn wir über Paulus reden.

20.1 Die Bergpredigt

Sie ist der *vielleicht* einzige authentischen Text ist, den Jesus gesprochen hat, obwohl sich auch in ihm paulinische und andere Ungereimtheiten finden lassen.

»Selig sind
die Demütigen, denn das Himmelreich ist ihrer (Psalm 51,19; Jesaia 57,15)
die Leid Ertragenden, denn sie werden getröstet werden (Psalm 126,5)
die Bescheidenen; sie werden Land besitzen (Psalm 37.11; Matthäus 11,29).
die nach Gerechtigkeit Hungernden, denn sie werden satt werden (Lukas 18,9)

die Barmherzigen, denn sie werden Barmherzigkeit erlangen (Matthäus 25,35)

die reinen Herzens sind, denn sie werden Gott schauen (Psalm 24,3–5; 51,12).

die Friedfertigen, denn sie werden Kinder Gottes heissen (Hebräer 12,14)

die um der Gerechtigkeit willen verfolgt werden, denn ihrer ist das Himmelreich (auch Petrus 3,14)

Wenn euch die Menschen um meinetwillen schmähen und verfolgen, Übles über euch reden, dann lügen sie (Matthäus 10,22). Auch die Propheten, die vor euch gewesen sind, wurden ja auch schon verfolgt (Hebräer 11,33).

Seid fröhlich und getrost: es wird euch im Himmel belohnt werden (Hebräer). Wenn eure Gerechtigkeit nicht besser ist als die der Priester des Tempels und der Pharisäer werdet ihr nicht ins Himmelreich kommen (Matthäus 23,29).

Und zu seinen zu seinen Jüngern und Aposteln sagt er: »Ihr seid das Salz der Erde. Sorgt dafür, dass es nicht schal wird (Markus 9.50; Lukas 14, 34–35). Ihr seid das Licht der Welt. Stellt es nicht unter den Schemel, sondern auf den Leuchter, so dass es allen leuchtet, die im Hause sind! Also lasst euer Licht leuchten vor den Leuten, dass sie eure guten Werke sehen und euren Vater im Himmel preisen! (Markus 4,21; Lukas 8,16; Epheser 5,8–9; Philippus 2,14–15).«

»Ihr sollt nicht glauben, dass ich gekommen bin, das Gesetz oder die Propheten aufzulösen, sondern zu *erfüllen*. Wahrlich ich sage euch: Bis Himmel und Erde vergehen, wird kein Jota oder Häkchen vergehen vom Gesetze, bis alles erfüllt ist. Wer darum eines dieser Gebote, und sei es das Geringste, aufhebt und die Leute so lehrt, wird im Himmelreich der Geringste heissen« (Matthäus V). Es kann keine Frage sein: Paulus hat mit dem so verstandenen Gesetz gebrochen und es verraten. Zum anderen bleibt die Frage offen, was Jesus mit »… bis alles erfüllt ist« gemeint hat.

Zum fünften Gebot:

»Von den Alten wurde gesagt: Du sollst nicht töten! Wer tötet, soll dem Gerichte verfallen. Ich aber sage euch, [schon] jeder der seinem Bruder zürnt, soll dem Gericht verfallen. Und wenn er eine Opfergabe zum Altar bringen will, muss sich vorgängig mit seinem Bruder versöhnen.«

Zum sechsten Gebot:

»Und von den Alten wurde gesagt: Du sollst nicht ehebrechen. Ich aber sage euch: [Schon] jeder der eine Frau lüstern ansieht, hat in seinem Herzen schon Ehebruch mit ihr begangen. Ferner ist [von den Alten] gesagt worden: Wer seine Frau entlassen will, stelle ihr einen Scheidebrief aus. Ich aber sage euch: Jeder, der seine Frau entlässt, macht *sie* zur Ehebrecherin; und wer die Entlassene zur Ehe nimmt, bricht dadurch die Ehe« (Matthäus, 5, 31–32).

[Warum eine Entlassene allein dadurch, dass sie entlassen ist, zur Ehebrecherin wird, ist völlig unverständlich und erregt in mir höchste Zweifel, ob dieser Teil der Bergpredigt authentisch ist. Was wir eben gehört haben, ist nicht nur äusserst frauenfeindlich, sondern auch unüberbietbar patriarchalisch. Es passt überhaupt nicht zum Frauenversteher Jesus und auch nicht zu seiner Auffassung von Sexualität. Vielmehr entspricht es der in die Evangelien hineingebogene Auffassung Paulus', der die Gleichberechtigung von Frau und Mann so sehr nie anerkannt hat, dass er auch nie mit einer Frau geschlafen hat; p. g.].

Auch der nächste Absatz ist paulinisch verfärbt.

»Zu den Alten wurde gesagt: Du sollst keinen Meineid schwören, und: du sollst halten, was du dem Herrn geschworen hast. Ich aber sage euch: »Ihr sollt überhaupt nicht schwören, nicht beim Himmel, … nicht bei der Erde … Eure Rede sei vielmehr: Ja, ja Nein, nein. Alles andere ist vom Übel.«

Auch dieser Passus scheint mir paulinisch verfälscht und widersprüchlich zu dem zu sein, was in Matthäus 5, 17–20 gesagt worden ist. Denn wer sagt, dass kein Jota und kein Häkchen vom Gesetze vergehen wird, schwört auf das Gesetz. Paulus stellte aber das Gesetz weit hinten an. Zuvorderst stand für ihn der Glaube an Jesus Christus als Sohn Gottes. Doch Jesus hat sich selbst gar nie »Christus« genannt und schon gar nicht »Sohn Gottes«. Er wollte vielmehr das Königreich Davids als Priesterkönigreich wiederherstellen, in dem alle in Freiheit, sozialer Gleichheit und Gerechtigkeit leben.

»Wenn euch etwas Übles getan wird, sollt ihr nicht wiedervergelten, denn aus Wiedervergeltung folgt immer nur Wiedervergeltung«.

»Du sollst nicht nur deinen Nächsten lieben, sondern auch deine Feinde!«

[Kann man seine Feinde wirklich *lieben*? Kann ein liberaler Demokrat Putin, Trump oder Boris Johnson lieben? Er kann sich in sie hineinversetzen und sich fragen, warum sie sagen und tun, was sie sagen und tun. Er kann sie *achten*, aber er kann sie nicht lieben; p. g.].

»Wenn du Almosen gibst, dann hänge deine Gerechtigkeit nicht an die grosse Glocke, sondern tu es im Verborgenen, denn dein Vater sieht das in deinem Innern Verborgene. Auch wenn ihr fastet, tut das im Verborgenen, denn dein Vater sieht ja ins Verborgene deines Herzens«.

[Ist ein Schritt in die Innerlichkeit oder sogar in individuelle Subjektivität?; p. g.].

Dann lehrt Jesus das Volk das Vaterunser als einziges Gebet, das es sprechen soll, ein Gebet, das seine Wurzeln gemäss John M. Allegro und anderen in den Schriftrollen von Qumran hat.

»Sammelt nicht Schätze auf Erden ... Seid nicht ängstlich besorgt um euer Leben, über das, was ihr essen und trinken, wie ihr euch kleiden sollt. Euer himmlischer Vater weiss ja, dass ihr all dies nötig habt ... Seid also nicht ängstlich besorgt für den morgigen Tag: Denn der morgige Tag wird für sich selber sorgen.«

[Hier zeigt sich etwas gar viel Gottvertrauen. Schon die Vögel des Himmels, von denen Jesus vorher gesprochen hat, »glauben« diese Botschaft nicht. So sammelt zum Beispiel der Eichelhäher im Sommer ein sehr grosses Lager von Eicheln und Nüssen, damit er im Winter Nahrung hat. Und die Beeren essenden Vögel scheiden mit ihrem Kot die nicht verdaubaren samentragenden Kerne wieder aus, was man durchaus als unabsichtliches Säen bezeichnen kann; p. g.].

Als Jesus, der wohl ein gewaltiges Charisma hatte, seine Predigt beendet hatte, staunte das Volk über seine Rede und war von ihr ergriffen. Denn er lehrte wie einer der Macht hat und nicht wie die Priester und Schriftgelehrten des Tempels (Matthäus, 5,1–7,29).

Jesus' **Goldene Regel**:

»Alles nun was ihr tun wollt, dass euch die Menschen tun, das tut auch ihnen! Denn das ist der Inhalt des Gesetzes ... « (Matthäus 7, 12). Bei Konfuzius (um 500 v. Chr.) lautet sie: »Was du selbst nicht wünschst, das tu auch nicht anderen Menschen an!« (Gespräche 15,23). Ähnlich beim grossen Bar Hillel (110 v. Chr.–9 n. Chr.): »Was dir nicht lieb ist, das tue auch deinem Nächsten nicht. Das ist die ganze Thora« (in: »Der Babylonische Talmud«). Die wohl schönste Formulierung dieser Regel stammt von Wilhelm Busch: »Was du nicht willst, dass man es dir tu, das füg auch keinem anderen zu!«

Jesus steht als **Wunderwirker** für Paulus in einem Wettbewerb mit Adonis, Attis und Tammuz, die in jenen Tagen populär waren und die sich alle als sterbende und wiederauferstehende Götter und Wundermacher verstanden haben. Gemäss der Theologie des Paulus musste Jesus sie alle übertrumpfen, weswegen er in den letztlich durch Paulus infizierten Evangelien in jedem zweiten Haus ein Wunder wirken musste. Doch das soll nicht weiter Thema sein. Denn wir leben nicht (mehr) in einer Welt der Wunder.

Es ist wichtiger, nochmals auf eine bereits zitierte Äusserung von Jesus zurückzukommen: »Glaubt nicht, ich sei gekommen, Frieden auf die Erde zu bringen, sondern das Schwert. Denn ich bin gekommen, den Sohn mit seinem Vater zu entzweien, die Tochter mit ihrer Mutter, die Schwiegertochter mit ihrer Schwiegermutter« (Matthäus 10, 34–36). Mit dieser Aussage können die Kirchen schlicht nichts anfangen. Für sie, die die Evangelien für bare Münzen nehmen, ist dieser Jesus-Satz schlicht abstrus.

[Doch er ist deutbar: Mit dieser Äusserung tut Jesus kund, dass er eine Israel befreiende Revolution erwartet, in der er selbst eine führende Rolle spielen wird. In dieser will er das Priester-Königreich Davids wiederherstellen, in dem alle in Freiheit, ökonomischer Gleichheit und Gerechtigkeit leben. Doch das bedingt für ihn einen alles entscheidenden Kampf gegen Rom und die mit Rom kollabierenden Jerusalemer Juden, die Sadduzäer und Pharisäer. In diesem Kampf werden alle »Eiferer für das Gesetz« benötigt, jeder und jede an der Stelle, wo man ihn/sie braucht. Deswegen werden Vater und Sohn, Mutter und Schwester, Schwiegermutter und Schwiegertochter getrennt, weil allen im Aufstand verschiedene, ihnen entsprechende Aufgabenbereiche zukommen.

Zur Steuerfrage:
Die Pharisäer fragten Jesus: »Ist es erlaubt, dem Kaiser Steuer zu zahlen?« Jesus Antwort: »Gebt dem Kaiser, was des Kaisers ist, und Gott,

was Gottes ist!« (Matthäus, 22, 15 ff.). – Diese Antwort lässt sich auch à la Galileo Galilei lesen: wie »E pur si muove«. Dann sagt sie nichts und kann auch so interpretiert werden: »Gott alles, dem Kaiser nichts!«ein Beispiel für Jesus' Schlagfertigkeit.

20.2 Die letzte Reise nach Jerusalem

Jesus hielt sein Abendmahl nach dem essenischen Sonnenkalender an einem Donnerstag, und zwar in Bethanien, einem Ort an der Ostseite des Ölbergs, 2,7 Kilometer von Jerusalem entfernt.

Beim Abendmahl in Bethanien war war auch eine Frau dabei, die die am Tische Sitzenden bediente, und ein teures Öl, wohl Balsamöl, über das Haupt ihres Meisters goss (Matthäus, 26, 6ff.): wahrscheinlich Maria Magdalena, seine Lieblingsjüngerin, Gefährtin und Geliebte. [Da die Jünger Jesus' auch als Rabbi angesprochen haben, ist die Wahrscheinlichkeit gross, dass er mit der ehemaligen Hure aus Magdala verheiratet war. Denn Rabbis mussten notwendig verheiratet sein, damit ihre Libido in geregelten Bahnen abgeführt werden konnte; p. g.].

Nach dem essenischen Sonnenkalender ist das Pessachfest am folgenden Freitag. Das ist der Tag, an dem die Juden Jerusalems, die einem Mondkalender verpflichtet sind, ihr Abendmahl am Abend vor ihrem Pessachfest feiern, also Freitag und ihr Sabbat findet am Samstag statt. Das bedeutet, dass Jesus am Tag des Essener-Pessachfestes gekreuzigt wurde.

Dazu muss man sich vergegenwärtigen, dass seine Anhängerschaft in Palästina sehr gross war und aus vielen derer bestand, die die Unabhängigkeit des Landes erstrebten und die »Kittim« aus Palästina vertreiben wollten.

Doch Jesus und die Seinen waren in Jerusalem, wo die mit Rom Kollaborierenden das Sagen hatten. Erstmals in ihrer Geschichte schlossen sich die traditionell den Hohepriester stellenden Sadduzäer mit den Pharisäern zusammen, um ihre Pfründen zu sichern und die Macht des Rebellen Jesus zu verhindern. Und damit begann das Drama von Jesus.

Obwohl er täglich im Tempel war und lehrte, nahm ihn der Hohe Priester Kajaphas (biblisch Kaiphas) nicht im Tempel fest, weil er dort einen Aufstand, ja eine Rebellion der Anhänger Jesus' befürchtete. Die Festnahme musste deshalb im Geheimen, an einem Ort geschehen, wo das Publikum Jesu nicht anwesend war. Kajaphas erfuhr, dass sich Jesus weil ihm Judas dies verraten hatte in der Nacht auf Freitag sich am Fuss des Ölbergs befinde, an einem Ort der Getsemani heisst. Dort liess er ihn festnehmen und vor den Hohen Rat bringen, wo alle, der Hohepriester, die Ältesten und Schriftgelehrten versammelt waren (Markus, 14, 53–54). Dort stellte man Jesus die alles entscheidende Frage: »Bist du der Messias?« Jesus antwortet mit einen klaren »Ja. Ich bin es.«

[»Messias« bedeutet im Hebräischen »der Gesalbte, der rechtmässige König aus dem Hause Davids, der über Israel und Judäa herrschen und die Fremdherrschaft beenden wird«; p. g.].

Da der jüdische Hohe Rat, der Jesus töten wollte, aber keine Kapitalgerichtsbarkeit hatte (keine Todesurteile fällen durfte), führten sie Jesus vor Pilatus, den römischen Statthalter beziehungsweise Präfekten (der Jahre 26–36 n. Chr.) und organisierten gleichzeitig einen Mob zur Burg Antonia, wo Pilatus residierte. Der Mob wurde gekauft und hatte den Auftrag, ständig zu brüllen: »Ans Kreuz mit ihm!«

Auch Pilatus fragte Jesus: »Bist du der König der Juden?« Jesus antwortete wieder: »Ja, ich bin es!« Weitere Fragen beantwortete er nicht mehr.

Da es Sitte war, dass der Statthalter Roms am Tag vor ihrem Pessachfest den Juden einen Gefangenen freizugeben, stellte er sie willkürlich vor die Wahl: Jesus, an dem er keine kreuzigungswürdige Schuld fand oder Barnabas, ein Rebell und Mörder, der nach römischem Recht den Tod am Kreuz verdiente. Doch der Mob schrie weiter: »Ans Kreuz mit ihm, [dem Nazaräer]!«

Dann gab Pilatus nur um den Hohen Rat und seinen Mob nicht zu verärgern, also aus rein opportunistischen Gründen und ohne Gerichtsurteil, das im Falle einer Kreuzigung gemäss römischem Recht notwendig gewesen wäre Jesus frei für den Tod am Kreuz.

Die römischen Soldaten führten ihn dann ins Innere des Hofes, legten ihm einen Purpurmantel um und setzten ihm eine Dornenkrone auf und verspotteten ihn: »Heil dir, König der Juden!« Sie spien ihn an und beugten zum Spott ihre Knie vor ihm (Markus, 15, 1–19).

Dann befahl man Jesus, der schon schwer geschwächt war, mit Hilfe von Simon von Cyrene sein Kreuz selber auf Golgatha zu tragen. Der Weg dorthin beträgt etwa 1,5 km, zuweilen über steile Treppen.

21
Die Kreuzigung

Es war um die sechste Stunde (zwölf Uhr mittags), als Jesus ans Kreuz genagelt war. An der Oberkante des Kreuzes war eine Tafel mit den Buchstaben »INRI« angebracht. Dieser Kürzel bedeutet »Iesus Nazarenus Rex Iudaeorum« wo bei »Nazarenus« eine Latinisierung von »Nazaräer« ist, was (ich wiederhole mich) nichts mit »von Nazareth« zu tun hat.

Beim Kreuz war keiner seiner Jünger, diese jedoch wussten, dass ab der neunten Stunde (nachmittags um drei Uhr) am Abend vor dem jüdischen Pessachfest niemand noch am Kreuz hängen durfte. Und Frauen schauten von Ferne zu: Maria Magdalena, seine Mutter Maria und deren beiden Söhne Jakobus der Jüngere (Jakobus II) und Josef die es gemäss vatikanischer Lehre gar nie gab sowie Salome, die Schwester Marias, die mit Maria Magdalena in Galiläa für das leibliche Wohl der Jüngerschaft Jesu sorgte.

Um die neunte Stunde rief Jesus mit lauter Stimme: »Eli, Eli lama sabakthani?« (Matthäus, 27, 46–47). Bei Markus (15, 34–35) heisst es: »Eloi, Eloi lama sabakthani?« und in der Lutherbibel heisst es: »Eli, Eli lama asabtani?«. Dabei ist »Eli« bzw. »Eloi« ein Kürzel von »Elohim«, einer der Namen des jüdischen Gottes. In deutscher Übersetzung lauten Jesu letzte Worte am Kreuz: »Mein Gott, mein Gott, warum hast du mich verlassen?«

Ich habe meine Zweifel, ob die paulinische Kirche, die ja Jesus zum Sohn Gottes gemacht hat, diese Äusserung Jesus überhaupt je verstanden hat. Denn wenn Jesus der Sohn Gottes wäre, wäre sein Tod ja etwas

Vorübergehendes. Man muss doch fragen: Inwiefern und in Bezug worauf hat ihn sein Gott verlassen? Er hat Jesus insofern verlassen, als er ihm nicht half, das Priester-Königreich Davids wiederherzustellen, in dem alle in Freiheit und Gerechtigkeit leben.

Nach dieser Äusserung gab Jesus seinen Geist auf. Doch wiederum stellt sich eine Frage: Was heisst »seinen Geist aufgeben«? Es mag zwar Nahtoderfahrungen geben, doch im Prinzip gilt: Wer tot ist, ist tot; und wer aufersteht, war nie tot. Dabei ist der Hirntod als Tod zu verstehen. Dass Jesus seinen Geist aufgab, kann auch heissen, dass er in eine tiefe Ohnmacht, ja ein Koma gefallen ist, aus dem er kaum ohne Behinderung erwacht sein dürfte. Es wird an der »Apostelgeschichte« noch zu zeigen sein, dass er seine Kreuzigung überlebt hat.

21.1 Zu Johannes Fried: »Kein Tod auf Golgatha«

Es gibt eine zweite Quelle, die das Überleben Jesus' thematisiert. Es geht um Johannes Frieds Buch: »Kein Tod auf Golgatha. Die Suche nach dem überlebenden Jesus«. Viele Theologen, unter anderen Thomas Sölding haben das Buch Frieds zerrissen, als »Unsinn« abgetan und Frieds Thesen als Hypothesen hingestellt, die keiner wissenschaftlichen Prüfung standhalten.

Zunächst muss man klarstellen, dass Frieds Text aus zwei Teilen besteht, was ja auch in Untertitel zum Ausdruck kommt. Dieser zweite Teil, in dem Fried die Flucht Jesus' nach Ostsyrien beschreibt, ist auch für mich nicht haltbar, weil er nichts als schlechte Spekulation ist. Der erste Teil hingegen hat für mich Plausibilität, weil er mit Ereignissen, die in der Apostelgeschichte erzählt werden, in Übereinstimmung gebracht werden kann.

Die These Frieds im ersten Teil ist folgende: Da nach der 9. Stunde am Vorabend des Sabbath Golgatha geräumt sein musste, also niemand mehr an einem Kreuz hängen durfte und ein römischer Soldat den Eindruck hatte, dass Jesus bereits tot ist, wollte er sich vergewissern, ob dem auch so ist, und rammte seine Lanze in die Brust Jesu, wobei er auch dessen Lunge verletzte. Die Tatsache, dass sogleich Blut und Wasser herausfloss, war für ihn der Beweis, dass Jesus nicht mehr lebt. Fried, der vor der Abfassung seines Buchers einen Mediziner mit Kenntnissen in Unfall-Chirurgie konsultiert hatte, deutet die Tatsache, dass Blut floss, ganz anders. Für ihn war dies der Beweis, dass das Herz Jesu noch schlägt, und dass es gerade der Lanzenstich war, der CO_2 aus der Lunge des Gekreuzigten entweichen liess. Ohne diesen Lanzenstichso Friedwäre Jesus an einer CO_2-Vergiftung gestorben.

Nachdem Jesus vom Kreuz genommen wurde, legte man ihn in ein Felsengrab, das Joseph von Arimathäa zur Verfügung gestellt wurde. Joseph war ein Ratsherr, der wie Jesus das Reich Gottes erwartete, das auch Reich des wiederhergestellten Königreichs Davids ist.

Pilatus liess durch einen Hauptmann einen Stein vor den Eingang wälzen. Doch der Sadduzäer-Aristokratie war das nicht genug. So bat sie Pilatus, das Grab durch römische Soldaten bewachen zu lassen, die nicht recht einsahen, warum sie einen Toten bewachen sollten, und nahmen den Auftrag Pilatus' auf die leichte Schulter.

Jetzt waren die Jünger von Jesus am Zug: Sie schleppten eine grosse Menge Wein in die Nähe der Wachen, sodass diese den Wein nicht übersehen konnten und schliesslich kräftig zupackten. Nach wenigen Stunden waren alle völlig betrunken. Die Jünger wälzten nun den Stein vor dem Grab weg und bargen ihren Schwerverletzten, ja möglicherweise dauernd behinderten Meister. Doch wohin? In seine eigentliche Heimat: nach Qumran, Damaskus in Judäa (Jakobus der Ältere, Johannes Evangelista und Simon der Zelote waren ja schon dort).

Die offizielle Lehre der Kirche besagt, dass Jesus drei Tage in seinem Felsengrab gelegen habe. Doch von Freitag zum Beispiel um siebzehn Uhr bis am Sonntagmorgensagen wir um drei Uhr morgens – sind es gerade vierunddreissig Stunden.

Wenn der »Auferstandene« behindert gewesen, wäre sein Traum vom Priester-König Israels unmöglich geworden, weil dies körperliche Makellosigkeit bedingt hätte. Sein Makel könnte aber auch allein in seinen schwer heilenden Narben an Händen, Füssen und der Brust bestanden haben, was ebenfalls das Priesterkönigtum verunmöglicht hätte.

Als der Sabbat vorüber war, kauften Maria Magdalena, Maria, Jakobus der Jüngere (später »der Gerechte« genannt und Salome würzige Kräuter, um ans Grab zu gehen und Jesus zu salben. Als sie sahen, dass der Stein weggewälzt und das Grab leer war, erfasste sie der Schrecken und sie gingen davon, ohne jemandem davon zu erzählen (Markus, 16, 1–8).

Nochmals zu Pilatus: Er wurde nach einem Vorfall in Samaria durch den Legaten Syriens, Vitellius, abberufen, um sich vor Tiberius zu rechtfertigen. Zu den Vorwürfen, die man ihm machte, gehörten unter anderem auch, er habe sich am Tempelschatz bereichert und auf Kosten der Staatskasse eine Wasserleitung in sein Haus legen lassen. Philo von Alexandria (in: »On the Ebassyto Gaius. XXXVIII«, 301–305) zählt folgende Anklagepunkte auf: Bestechungen, Beleidigungen, Gewalttätigkeit, Zügellosigkeit, wiederholte Hinrichtungen ohne juristisches Verfahren, konstante Ausübung von Grausamkeit. Für das Urteil über Jesus wurde er aber von Tiberius nie zur Rechenschaft gezogen. Bedrängt, ja gar gezwungen durch den Nachfolger von Tiberius', Caligula, soll er 39 n. Chr. Selbstmord begangen haben.

22

Die Apostelgeschichte; Paulus und der Kampf mit Jakobus dem Gerechten

Paulus, der wusste, wie man Geschichte macht, schrieb zusammen mit seinen Jüngern die ältesten Texte des Christentums. Es handelt sich dabei um dreizehn Briefe, die an die jeweiligen Gemeinden, aber auch an Personen gerichtet waren. Sie sind alle zwischen 48 und 61 n. Chr. entstanden, also viele Jahre vor allen Evangelien, ausser dem von Markus. Dass in diesen Jahren immer auch Kopien der Briefe nach Palästina kamen, ist beim grossen Netzwerker Paulus anzunehmen.

Das älteste Evangelium ist das von Markus, der Paulus auf seiner ersten Missionsreise (46–47 n. Chr.) begleitet hat. Markus stammt aus Jerusalem, kennt aber das übrige Palästina kaum und hat Jesus nie gekannt. Sein Evangelium, das die Evangelien von Lukas und Matthäus bestimmt (die beiden berufen sich selbst auf ihn) wurde um 68/70 n. Chr. geschrieben. In welcher Sprache Markus ursprünglich geschrieben hat, wissen wir nicht. Da er aber auch als Übersetzer von Petrus, der des Lateinischen nicht mächtig war, fungierte, könnte die ursprüngliche Sprache seines Evangeliums durchaus in Latein geschrieben und erst später ins Griechische übersetzt worden sein.

Das zweitälteste Evangelium stammt von Lukas, der vorgängig auch die Apostelgeschichte geschrieben hat. Lukas ist ein heidnischer Arzt aus dem syrischen Antiochia, der Paulus auf der zweiten (49–51) und dritten (52–56) Missionsreise begleitet hat. Seine Sprache ist Griechisch. Sein Evangelium wurde gemäss dem Muratorischen Fragment (2. Jh.) im Namen und nach Auffassung des Paulus ums Jahr 68 n. Chr. geschrieben.

Das drittälteste Evangelium ist das von Matthäus, dem Zöllner von Kafarnaum. Matthäus schrieb sein Evangelium in der hebräischen Volkssprache, in Aramäisch, in der Sprache, die auch die Sprache Jesu war. Das aramäische Original ging verloren, sodass nur eine griechische Übersetzung vorliegt. Matthäus schrieb sein Evangelium sicher erst um 70 n. Christus.

Das jüngste Evangelium stammt von Johannes, dem Zebedaiden und jüngeren Bruder Jesus' väterlicherseits. Er ist vielleicht drei oder vier Jahre jünger als Jesus. Dann wäre er ums Jahr 2 v. Chr. geboren worden, was mit neutestamentlichem Auffassung übereinstimmt. Johannes wäre also als Evangelista über neunzig Jahre alt gewesen, als er für die christlichen Gemeinden Kleinasiens sein griechisches Evangelium in Ephesos geschrieben hat. Das ist zwar möglich, doch nicht sicher, weil Johannes wie sein ältester Bruder, Jakobus der Ältere, bis etwa 43 n. Chr. zur Essener-Gemeinde von Jerusalem gehörte, die nach der Kreuzigung Jesu zum Zentrum der Essener aus Qumran wurde. Dass Johannes Evangelista, nachdem er von Rom auf die ägäische Insel Patmos verbannt wurde, dort auch noch die »Apokalypse« beziehungsweise die »Offenbarung« geschrieben hat, ist aber höchst unwahrscheinlich: Das liegt auch an Sprache und Stil.

23
Die Apostelgeschichte

Neben den Evangelien ist die Apostelgeschichte das bedeutendste Buch des Neuen Testaments. Sie beginnt nach der Kreuzigung Jesus' und endet zwischen 61 und 62 n. Chr. und hat bis heute in weit grösserem Mass als die Evangelien das Bild die ersten Jahre der von Jakobus dem Älteren geführte Essener-Gemeinde in Jerusalem geprägt. Sie enthält auch unbestreitbar mehr Informationen, als sie sonst irgendwo zu finden sind.

Die Unzuverlässigkeit der Evangelien, ausgenommen einige Stellen aus den Jahren 28–33 n. Chr., wird wohl nur noch von Kardinal Ratzinger und den Seinen bestritten, die sie für historisch richtig halten, weil dies ihnen ihr Glaube vorschreibt, und weil sie davon ausgehen, dass es in der Zeit, in der das Neue Testament geschrieben wurde, gar keine anderen Quellen gebe: ein Irrtum.

Doch auch die von Lukas geschriebene Apostelgeschichte ist nicht reine Geschichtsschreibung, sondern äusserst parteiisch. Man braucht sich nur zu vergegenwärtigen, dass sie die Vorgängerin des Evangeliums von Lukas ist, der Paulus auf der zweiten (49–51 n. Chr.) und der dritten (52–56 n. Chr.) Missionsreise begleitet und sein Evangelium nach der Auffassung von Paulus geschrieben hat. Beide Werke sind griechisch geschrieben, wenden sich also an ein ganz anderes Publikum als die Schriften von Qumran, die auch für die Essener-Gemeinde Jerusalems Gültigkeit hatten.

Die Apostelgeschichte stellt Paulus, den selbsternannten Apostelfürsten, in den Mittelpunkt, im zweiten Teil sogar ausschliesslich. Sie ist deshalb ein, ja das erste Dokument des paulinischen Christentums, das heute von den Kirchen als *das* Christentum aufgefasst wird.

Sie enthält auch Informationen über die Beziehung zwischen Paulus und der Essener-Gemeinde in Jerusalem, zu der auch viele Jünger Jesus' unter der Führung von Jakobus dem Älteren gehörten. Gleich am Anfang wird über die Organisation und Entwicklung der Essener-Gemeinde in Jerusalem und ihre zunehmenden Konflikte mit staatlichen Autoritäten berichtet: »Alle Gläubig-gewordenen hatten alles miteinander gemeinsam. Sie verkauften ihren Besitz und ihre Habe und verteilten sie an alle, je nachdem einer bedürftig war. Täglich weilten sie einmütig im Tempel, brachen reihum in den Häusern das Brot«. Sie hatten ein ungebrochenes Verhältnis zum Tempel, wohl aber gegen dessen Führung, gegen die Jesus einmal die Tische der Geldwechsler und Händler zornig umgestürzt hatte, was das grösste Missfallen der etablierten Priesterschaft erregte.

In der Apostelgeschichte 6,8 wird vom erste offiziellen »essenischen Märtyrer«, Stephanus, berichtet, der gefangengenommen und zum Tod durch Steinigung verurteilt worden ist. (Ich vermeide das Wort »christlicher Märtyrer«, weil das Wort »Christen« bzw. »chrestianoi« erst durch Paulus 42 n. Chr. in Antiochia am Orontes eingeführt wurde). In seiner Apologie weist Stephanus auf den Mord an jenen hin, die die Ankunft des »Gerechten« erwarten. Diese Bezeichnung stammt ausschliesslich aus dem Vokabular der Qumran-Schriften. Dort tritt der »Gerechte« wiederholt als »Zaddik«[66] in Erscheinung. Auch leitet sich die Bezeichnung Lehrer der Gerechtigkeit, »Moreh ha-Zedek« von derselben Wurzel her. Wenn der jüdische Historiker Josephus einen Lehrer erwähnt, der »Sadduc« oder »Zadoc« genannt wird und Führer einer messianischen, antirömischen, judäischen Gefolgschaft ist, ist das wieder nur eine griechisch verstümmelte Bezeichnung für den »Gerechten«.[67]

Stephanus macht in seiner Verteidigungsrede auch seine Verfolger namhaft. Er bezichtigt seine Verfolger der Lauheit gegenüber dem mosaischen Gesetz, während er sich als Anwalt des Gesetzes versteht. Seine Verfolger können eigentlich nur die etablierten Priester des Tempels sein, die mit Rom kollaborieren und so das Gesetz verraten.

Nach der Apostelgeschichte betritt Paulus, damals noch Saulus im Zusammenhang mit Stephanus' Tod die Bühne der Geschichte.[68]

24
Paulus

Paulus wurde in Tarsus geboren, das in der heutigen Türkei zwischen Mersin und Adana an der Mittelmeerküste liegt. Er ist das Kind strenggläubiger, aber reicher Juden, die neben der Bürgerschaft von Taurus auch die römische Staatsbürgerschaft besassen. Als Benjamit trägt er den Namen des jüdischen König Saul aus dem Stamm Benjamin, wird aber auch, latinisiert, Saulus genannt. In seiner Jugend lernte er, wie das bei Juden üblich war, zuerst ein Handwerk: Zeltmacher und Teppichknüpfer. Doch für ihn war von Anfang an klar, dass er jüdischer Schriftgelehrter werden wollte. Schon vor 28 n. Chr. reist er nach Jerusalem und lässt sich vom Rabbi Gamiel zum pharisäischen Schriftgelehrten ausbilden.

Wie schon gesagt, betritt er beim Tod des Stephanus die Bühne der Geschichte. Man sagt, er sei als Wache dabei gewesen, als die Mörder um Stephanus' Kleider gewürfelt hätten. In Apostelgeschichte 8,1 wird klar, dass Saulus diesem Mord zugestimmt hat. In diesem Lebensabschnitt war er ein glühender, ja fanatischer Feind der von Jakobus dem Älteren geführten Essener Gemeinde Jerusalems, ja er versuchte sie als Günstling der prorömischen Priesterschaft zu vernichten. »Er drang in Häuser ein, schleppte Männer und Frauen weg und warf sie in den Kerker« (Apg. 8,3).

Im Jahr 38 (fünf Jahre nach der Kreuzigung Jesu) ist er im Auftrag des Hohepriesters Kaiphas oder einem seiner Nachfolger mit Haft- und Todesbefehlen nach Damaskus gezogen, begleitet von einer bewaffneten Kohorte. Dort soll er die abtrünnigen Juden verhaften und ihre

Führer töten. Wir wissen schon längst, dass mit Damaskus nicht die syrische hellenistisch zivilisierte römische Metropole gemeint sein kann, sondern Damaskus in Judäa, d. h. Qumran.

Kurz vor judäisch Damaskus hatte Saulus ein für ihn traumalisch-halluzinatorisches Erlebnis: Ein grelles Licht vom Himmel liess ihn angeblich von seinem Pferd stürzen und er hörte eine Stimme, die ihm sagte: »Saulus, Saulus, warum verfolgst du mich?« Saulus fragte: »Wer bist du Herr?« Die Stimme sagte: »Ich bin Jesus, den du verfolgst«. Zitternd und bebend fragte Saulus: »Herr, was willst du, dass ich tue?« Der Herr sagte zu ihm: »Steh auf und geh in die Stadt! Dort wird man dir sagen, was du tun sollst«. Seine Gefährten hörten zwar angeblich die Stimme, sahen aber nichts, auch kein grelles Licht. Saulus erhob sich vom Boden, sah aber nichts, wohl weil das Licht für ihn zu grell war. Da nahmen ihn seine Gefährten an die Hand und führten ihn nach Qumran. In judäisch Damaskus lebte ein Gemeindemitglied namens Ananias, der Saulus wieder sehend machte und gebot ihm: »Geh in die gerade Strasse und bis zum im Hause des Judas und sage dort, dass ein Mann hier sei mit dem Namen Saulus aus Tarsus«. Ananias begleitet ihn bis zum Hause des Judas, wurde aber vom Hausherrn sofort wieder weggeschickt. Als Judas mit Paulus allein war, sagte Judas zu ihm: »Du bist das Werkzeug, das ich mir auserwählt habe.« Doch jetzt stellt sich die bisher noch nie gestellte Frage: Wer ist Judas, wenn er zu Paulus sagen kann: »Du bist mein Werkzeug«. Das kann eigentlich nur der seine Kreuzigung überlebende Jesus sein, der sich mit dem Namen Judas tarnt und für Paulus, der Jesus nie gesehen hat, nicht erkennbar ist. Seine Begegnung mit Judas muss äusserst eindrücklich gewesen sein und hat zu seiner Bekehrung geführt, nicht die Erscheinung *vor* judäisch Damaskus.

Doch es stellt sich sofort die weitere Frage: Werkzeug zu welchem Zweck? Für Jesus, der in der Bergpredigt gesagt hat: »Solange Himmel und Erde bestehen, wird kein Jota oder Häkchen vom Gesetze vergehen, bis alles erfüllt ist«, kann dieser Zweck nur die Wiederherstellung des Priesterkönigtums Davids sein, in der alle in Gerechtigkeit, sozialer Gleichheit und Freiheit leben, ein Zweck den Paulus als sein Stellvertreter verwirklichen soll. Doch für Paulus ist der Zweck, dessen Werkzeug er sein soll, ein ganz anderer. Er biegt, was Jesus gemeint hat in sein Gegenteil um: »Und sollst meinen Namen vor die Heiden und Könige und vor die Kinder Israels tragen« (Er will demnach auch die Juden zu seinem Glauben, der das Christentum werden wird, bekehren). Paulus ist jemand, der immer das hört, was er hören will. Und damit beginnt die radikale Trennung zwischen dem Essenertum und dem Christentum.

Trotzdem ist Paulus von der Begegnung mit »Judas« tief beeindruckt und will Mitglied der Gemeinde von Qumran werden, was zum einen die Absicht impliziert, nach einer dreijährigen Probezeit, sein Privatvermögen der Gemeinde zu übergeben und vorgängig ein dreijähriges »Noviziat« zu bestehen. Paulus verbringt tatsächlich eine dreijährige Probezeit in Qumran, wird volles Mitglied der Gemeinde, deren Führer nun wieder der »Lehrer der Gerechtigkeit« ist.

Paulus verliess Qumran, weil er sein Privatvermögen nicht der Gemeinde überlassen wollte, obwohl er am Ende der Probezeit als Mitglied der Gemeinde dazu verpflichtet gewesen wäre. Paulus ist jemand, der oft »Ja« sagt, auch wenn es seinen Plänen widerspricht. Dabei hat er auch noch einen traumatischen Konflikt in der Gemeinde erzeugt, weil er einige Mitglieder der Gemeinde dazu überredete, mit ihm Qumran endgültig zu verlassen und mit ihm zu gehen. Im Habakuk-Kommentar steht geschrieben: »Die Abtrünnigen mit dem Lügenmann … hörten nicht auf die Worte des Lehrers der Gerechtigkeit.« Stattdessen habe er sich an »die Abtrünnigen vom Neuen Bund« gewandt, die »nicht an den Bund Gottes glauben«. Im Text ist ausdrücklich die Rede vom »Lügenmann, der verworfen hat das Gesetz inmitten ihrer ganzen Gemeinde«. Und er spricht vom »Lügenprediger, der viele verleitete …

eine Gemeinde durch Lüge zu errichten«. Er hat damit die Gemeinde verraten und ist in ihren Augen auch ein Lügner, der sein Versprechen nicht gehalten hat. Einige Mitglieder der Gemeinde wollten ihn sogar ermorden, doch Paulus erfuhr von diesem Plan, und seine Abtrünnigen, vor denen er behauptet hat, dass Jesus der Sohn Gottes ist, liessen ihn bei Nacht in einem Korbe die Mauer hinab (Apostelgeschichte, 9, 20–25). Es ist also keine Frage mehr, wer der Lügenpriester ist: Paulus.

Paulus kehrt erst im Jahr 41 n. Chr. nach Jerusalem zurück, wo ihm die Essener-Gemeinde aber nicht traut, weswegen ihm alle ausser Jakobus und Kephas (Petrus) aus dem Weg gegangen seien (vgl. Galater 1, 18–20). Er ist also in Jerusalem völlig isoliert. Die meisten Mitglieder der Gemeinde zweifeln an seiner Bekehrung. Im Galaterbrief (1, 18–20) schreibt Paulus, er habe nur Jakobus und Kephas (Petrus) getroffen. Alle anderen, einschliesslich der anderen Apostel, sollen ihn gemieden zu haben.

Doch schon bald kommt es zu tiefgreifenden religiösen Auseinandersetzungen. Um eine Eskalation zu vermeideneinige wollten ihn sogar ermorden, schickt man Paulus über Caesarea nach Taurus, in seine Geburtsstadt, quasi ins Exil. In Jerusalem denkt man wohl: Wenn er dort etwas Nützliches auftreibt, umso besser. Wenn er dort stirbt, würde man ihn nicht sehr vermissen, da er ohnehin mehr geschadet als genützt hat. In Taurus lebten zwar viele Juden, aber auch viele Heiden. Um bei den Letzteren Erfolg zu haben, musste Paulus mit dem Gebot der Beschneidung und des koscheren Fleisches, das auch mit dem Gebot, nicht mit Heiden zu essen, verbunden ist, brechen, was für die Essener-Gemeinde in Jerusalem klar ein Frevel war.

Sein Freund Barnabas besucht Paulus in Tarsus und motiviert ihn, mit ihm ins syrische Antiochia am Orontes zu gehen, wo Paulus, im Jahr 42 n. Chr. seine Anhänger erstmals »Christen« nannte: ein griechisches

Wort, für das es im Hebräischen und Aramäischen keine Entsprechung gibt, denn das hebräische »Maschiach« oder »Moschiach« und das aramäische »Meschiah« bedeutet einfach »der Gesalbte«, alles Titel, die nur höchsten religiösen Führern und Königen Israels zustanden. Das heisst auch, dass Jesus sich nie Christos oder Christus genannt hat.

[Antiochia am Orontes war eine syrische Stadt. Heute liegt sie um südlichsten Zipfel der Türkei und nennt sich Antakya, unweit westlich von Aleppo. In

Antiochia hat Paulus seine Jüngerschaft erstmals Chresianoi genannt und den Namen »Jesus Christus« verwendet. Dieser Name ist im tiefsten Sinn ein Oxymoron (ein in sich widersprüchlicher Ausdruck). Denn Jesus ist nie Christ geworden. Paulus hat ihn zu »Jesus Christos« verbogen. Doch Jesus hat nichts mit dem Christentum zu tun. Das hat zu den kriegerischen Kämpfen zwischen Paulus und dem Stellvertreter Jesu, Jakobus dem Gerechten geführt; p. g.].

Paulus verkündet mehr und mehr sein gesetzesfreies Evangelium: Niemand ist durch seine Treue zu Gesetz gerechtfertigt, sondern allein durch den Glauben an Jesus Christus. Das führte natürlich zu heftigsten Konflikten mit der Gemeinde in Jerusalem über Art und Inhalt der Missionstätigkeit. In Apostelgeschichte 15 wird berichtet, dass die Führung aus Jerusalem Vertreter nach Antiochia geschickt habe, um zu prüfen, was Paulus über Jesus sagt. Sie legten grossen Wert darauf, dass es wichtig sei, die Gesetze strikt einzuhalten, und werfen Paulus vor, dass er in dieser Beziehung zu lau sei. Sie beordern Paulus und seinen Begleiter Barnabas nach Jerusalem, um sich zu rechtfertigen. So kommt es 43 n. Chr. zum sogenannten Apostelkonzil. Dort wurde zwischen den Aposteln der Jerusalemer Gemeinde (v. a. Jakobus, Petrus und Johannes) und Paulus eine zentrale Entscheidung über die sogenannte Heidenmission getroffen. Es wurde anerkannt, dass Heiden sich nicht erst beschneiden lassen müssen, um Christen zu werden (Apostelgeschichte 15,11). In seinem Brief an die Galater berichtet Paulus selbst von den in Jerusalem getroffenen Vereinbarungen. Und sie hätten ihm per Handschlag der Gemeinde versichert, dass er und Barnabas das Recht hätten, das Evangelium den Heiden zu verkünden. Wir sollten unter den Heiden, sie aber unter den Beschnittenen predigen (Galater 2, 1.9). Dabei muss man wissen, dass Lukas, der Autor der Apostelgeschichte Paulianer war, und Paulus selbst ist ohnehin parteiisch. In Wirklichkeit wurde der Graben zwischen Paulus und der Gemeinde in Jerusalem immer breiter. Ja man muss annehmen, dass die genannte Vereinbarung eine Lüge von Paulus ist.

Noch im selben Jahr wurde der bisherige Führer der Gemeinde, Jakobus der Ältere durch Herodes Agripa I mit dem Schwert hingerichtet (43 n. Chr.) und auch Petrus drohte dasselbe Schicksal. Er konnte aber in der Nacht vor dem Verhör durch Agripa I auf »wundersame Weise« aus dem Kerker fliehen und sich nach Caesarea, der römischen Hauptstadt Palästinas, absetzen. Nach dem Tod des Zebedaiden Jakobus des Älteren übernahm ein anderer Jakobus, nämlich Jakobus der Jüngere die Führung der Jerusalemer Gemeinde. Er wird in den Evangelien fälschlicherweise als Sohn des Alphäus bezeichnet. Doch der Sohn des Alpheus ist der Apostel Jakobus der Kleine. Jakobus der Jüngere, der nach Jakobus dem Älteren die Führung der Jerusalemer Gemeinde übernahm, wird auch Jakobus der Gerechte genannt, den die meisten, auch Baigent und Leigh in ihrer »Verschlusssache Jesus« mit Jakobus dem Älteren verwechseln. Wer Jakobus der Gerechte in Wirklichkeit war, wird noch aufzuklären sein. Dabei wird der Vatikan keine Freude haben.

24.1 Die Missionsreisen

Paulus bleibt bis 46 n. Chr. in Antiochia und beginnt dort seine **erste** Missionsreise (46–48). Zu seinen Begleitern gehören unter anderen

Barnabas und der Evangelist Markus, der freimütig bekennt, sein Evangelium gemäss der Auffassung von Paulus geschrieben zu haben. Die Reise führt ins zypriotische Salamis (etwa sechs Kilometer nördlich des heutigen Famagusta), dann zu Fuss nach Paphos, mit dem Schiff nach Perge in Pamphylien (rund die sechzehn Kilometer nordöstlich des heutigen Antalya), wo der Markus die Reise verlässt. Weiter geht die Reise nach Antiochia in Pisidien, wo Paulus ankündigte, mit den Juden zu brechen. Dann geht er nach Galatien und von dort zurück ins syrische Antiochia.

Die **zweite** Missionsreise des Paulus (48–52 n. Chr.) beginnt in Jerusalem. Noch in Jerusalem wird Paulus und Barnabas vom Ältestenrat unter dem Herrenbruder, Jakobus dem Gerechten, ermächtigt, der Gemeinde im pisidischen Antiochia mitzuteilen, dass die Beschneidung nicht notwendig sei. Doch das ist wieder eine Lüge. Denn eine solche Ermächtigung hat Jakobus der Gerechte sicher niemals ausgesprochen. Dann hat Paulus den Plan, die bereits besuchten Städte der ersten Reise wieder aufzusuchen. Barnabas ist damit einverstanden und so reisen sie nach Antiochia am Orontes in Syrien. Dort besteht Barnabas darauf den Evangelisten Markus wieder als Begleiter mitzunehmen. Paulus aber ist dagegen, weil Markus die erste Reise schon früh verlassen habe. Es kommt »zu einer heftigen Auseinandersetzung« (vgl. Apostelgeschichte, 15, 36–40), so dass sich die beiden Männer trennen. Barnabas segelt mit Markus nach Zypern, um die dort die begonnene Missionstätigkeit fortzusetzen. Paulus bereist mit dem neuen Begleiter, Silas, durch Kilikien über Taurus und Derbe nach Lystra, wo er während einer Predigt gesteinigt wird, aber wieder aufsteht, um weiter zu predigen. In Lystra schliesst sich der Halbgrieche Thimotheus seinem Tross an. Er lässt diesen beschneiden, um auf der weiteren Reise den Juden das Christentum vorbehaltlos predigen zu können die Gruppe zieht weiter. Stattdessen reist der Trupp nach Troja (Troas), wo auch Lukas zu seinen Begleitern stösst (vgl. Apostelgeschichte, 16, 1–10).

Weiter geht die Reise mit dem Segelboot nach Makedonien, wo Paulus in Philippi die erste Christin auf europäischem Boden gewinnt. Da diese, eine Purpurhändlerin, dadurch ihr Einkommen verliert, lassen ihre Angehörigen Paulus und Silas in den Kerker werfen. Die beiden pochen jedoch auf ihre Rechte als Römer und werden freigelassen (vgl. Apostelgeschichte, 16 11–40). Die Missionare reisen über Amphipolis und Apollonia nach Thessalonich, wo sie mehrmals in der Synagoge predigten, worauf viele Zuhörer den Glauben angenommen hätten. Seine Gegner klagten Paulus und Silas wegen Volksaufwiegelung und Untreue gegenüber dem Kaiser an dass Lukas, der Schreiber der Apostelgeschichte, zu Gunsten Paulus' immer übertreibt wie Paulus selbst, gehört zu ihrer geradezu fanatischen Mission. Der Erfolg in Thessaloniki war jedenfalls so bescheiden, dass Paulus und Silas in der Nacht aus der Stadt fliehen mussten (Apostelgeschichte, 17, 1–9). Ihre Reise geht weiter nach Beröa (Beroia, heute Veria), das wie Thessalonich zur römischen Provinz Makedonien gehört. Wieder sollen viele den Glauben des Paulus angenommen haben. Während Silas und Thimotheus noch in der Stadt bleiben, reist Paulus ans Meer, um mit dem Schiff nach Athen zu fahren. Dort erwartet er den Rest seiner Begleiter und sei entsetzt gewesen über das Ausmass des Götzendienstes. Er redet in der Synagoge und auf dem Marktplatz (Agora), wo ihn die Epikureer und Stoiker ausgelacht haben sollen. Sie führen ihn vor den Areopag, des höchsten Gerichts Athens, wo er sich erklären soll. In seiner Rede macht er geschickt darauf aufmerksam, dass die Stadt einmal einen Tempel gebaut habe mit der Inschrift »Einem unbekannten Gott«, eine Inschrift, die in Athen bekannt war. Er lässt den Areopag also wissen, dass es einen Gott gibt, gibt, den sie nicht kennen. Um von diesem Gott zu erzählen, sei er nach Athen gekommen. Die Götzenbilder zu verehren sei Unsinn, die Zeit sei gekommen, um zu bereuen und umzukehren. Er kündigt den Gerichtstag Gottes an und die Auferstehung der Toten. Viele verspotteten seine Rede, ein paar Athener sollen aber Christen geworden sein (vgl. Apostelgeschichte 17, 10–34). Paulus reist weiter nach Korinth, wo er Priscilla und Aquila kennenlernt. Er wohnt bei diesem Ehepaar und arbeitet gemeinsam mit ihnen als Zeltmacher. Endlich treffen Silas und Timotheus aus Mazedonien ein und bringen Spenden (2. Korinther, 11,9), so dass sich Paulus wieder vermehrt dem Predigen zuwenden kann. Er bleibt sechs weitere Monate in Korinth. In dieser Zeit wird er der Proselytenmacherei angeklagt, wird aber freigesprochen. Einige Korinther werden Christen (vgl. Apostelgeschichte, 20, 13–37). Dann reist er gemeinsam mit Priscilla und Aquila per Schiff über die Ägäis nach Ephesos, wo ihn das Ehepaar verlässt. Obwohl man ihn dort bittet zu bleiben, reist er nach kurzer Zeit wieder ab. Er legt in Cäsarea an und macht einen kurzen Abstecher nach Jerusalem. Die Apostelgeschichte erwähnt hier kein Wort über den dortigen Führer der Gemeinde, Jakobus den Gerechten, der nicht mit Jakobus dem Älteren, dem Bruder der Herren, der 43 n. Chr. von Agripa I ermordet wurde, identisch ist, aber erstmals ein Gemeindeführer ist, der Paulus die Stirn bieten kann. Dann reist Paulus weiter in sein Zuhause ins syrische Antiochia am Orontes.

Die **dritte** Missionsreise (52–56 n. Chr.) beginnt Paulus in Antiochia (Pisidien). Er will nach Ephesos und wählt den tausendsechshundert Kilometer langen Landweg durch Galatien und Phrygien, um die noch junge Christengemeinde in ihrem Glauben zu stärken. In Ephesus trifft er zwölf Männer, die Anhänger des Täufers sind. Er erzählt ihnen von Jesus, und sie werden umgehend paulinische Christen. Er predigt drei Monate in der dortigen Synagoge. Da er auf Widerstand trifft, verlegt er seine Predigten in den Hörsaal einer Schule, wo er weitere zwei Jahre lehrt. Das hat zur Folge, dass viele Juden und Griechen Christen werden. Ein heidnischer Devotionalienhändler des Artemis-Tempels bemängelt, dass ihm dadurch seine Einnahmen entgehen. Er wiegelt die Bewohner und lässt zwei Begleiter des Paulus ins Theater schleppen, wo ein Tumult entsteht: Das Volk skandiert zwei Stunden lang »Gross ist die Artemis von Ephesus«. Paulus will auch ins Theater, wird aber davon abgehalten, weil man fürchtet, die Veranstaltung könnte den Zorn Roms wecken (vgl. Apostelgeschichte, 18,23 und 19, 1–41). Der Missionar reist weiter nach Mazedonien, wo er sich etwa ein Jahr aufhält. Während dieser Zeit erfährt er, dass die Christen in Korinth positiv auf seinen ersten Brief reagiert haben. Deshalb schreibt Paulus den 2. Korintherbrief, in dem er auch aufmerksam macht auf die die Spendenfreudigkeit der Mazedonier, die diese an die Mangel leidende Gemeinde in Jerusalem überweisen wollen. Paulus will schon zurück nach Antiochia am Orotes, um die Spendengelder nach Jerusalem zu bringen, als er erfährt, dass dort ein Anschlag auf ihn geplant sei. Er beschliesst deshalb, statt direkt übers Mittelmeer nach Antiochia zu fahren, in Troja zu landen. In Troja hält er einen Vortrag, der bis nach Mitternacht dauert. Dabei soll ein junger Mann eingeschlafen und vom dritten Stockwerk auf den Boden gefallen sein. Paulus soll die Treppe heruntergeeilt sein und den jungen Mann, der kaum tot war, wieder zum Leben erweckt haben. So eben geschehen Wunder in einer wundersüchtigen Welt (vgl. Apostelgeschichte, 20, 1–12). Paulus fährt der Küste der Ägäis entlang hinunter nach Milet, wo er mit den Ältesten aus Ephesus zusammentrifft und ermahnt sie, gut für ihre Gemeinde zu sorgen. Er deutet aber auch an, dass ihn in Jerusalem Unheil erwarten könnte. Mit zwei Schiffen fährt er an den griechischen Inseln vorbei nach Tyrus, einer Hafenstadt im heutigen Libanon. Auch dort warnt man ihn, während die Schiffe ihre Fracht löschen, vor Gefahren in Jerusalem. Er reist über Ptolemais (Akkon) nach Cäsarea, wo ihm gesagt wird, dass er in Jerusalem in Gefangenschaft kommen werde. Lukas und die anderen Gefährten versuchen, ihn von der Weiterreise nach Jerusalem abzusehen. Paulus lehnt diesen Vorschlag jedoch entschlossen ab: »Ich bin bereit, mich für den Namen Jesu fesseln zu lassen und sogar zu sterben«. Er geht nach Jerusalem. Dort wirft man ihm vor, dass er in seinen Predigten die in der Fremde lebenden Juden darin bestärke, das Gesetz des Moses aufzugeben. Natürlich ist diese Anschuldigung berechtigt, denn Paulus lehrt ja, dass niemand durch

Treue zum Gesetz gerechtfertigt sei, sondern allein durch den Glauben an Jesus (den er häretisch zu seinen Zwecken verbogen hat). Opportunistisch bestreitet er diese Anschuldigung. Als er aufgefordert wird, sich sieben Tage zur Busse zu reinigen, um damit die Unrichtigkeit der Anschuldigung und seine ungebrochene Treue zum Gesetz zu beweisen, ist er sofort bereit, dies zu tun. Doch schon einige Tage später erregt Paulus erneut den Zorn der »Eiferer für das Gesetz«. Als sie ihn im Tempel erblicken, kommt es zu einem gewalttätigen Aufstand gegen ihn. Sie greifen ihn tätlich an und schreien in ihrer Wut: »Das ist der Mensch, der überall vor aller Welt gegen das Volk, das Gesetz und diesen Tempel eifert« (Apostelgeschichte 21, 28 ff.). Die ganze Stadt geriet in Aufregung, und es entstand ein Volksauflauf. Sie ergriffen Paulus und schleppten ihn aus dem Tempel ... Schon wollten sie ihn töten, da wurde dem Obersten der römischen Besatzung gemeldet, ganz Jerusalem sei in Aufruhr. Sofort eilte dieser mit Soldaten und Hauptleuten zu ihnen hinab. Beim Anblick des Obersten und der Soldaten hörten sie auf, Paulus zu schlagen. Der Oberst liess ihn ergreifen und mit zwei Ketten fesseln und fragte Paulus, wer er sei und was er getan habe. Paulus wollte antworten, doch wegen des Volkes Geschrei: »Nieder mit ihm!« konnte der Oberst nichts verstehen. Deshalb liess er ihn zur Antoniaburg bringen, dem Hauptquartier Roms in Jerusalem. Auf der Treppe sagte Paulus zu Obersten auf Griechisch »Ich bin ein Jude aus Tarsus, einer nicht unbedeutenden Stadt in Zilizien. Ich bitte dich, lass mich zu Volke reden!« Der Oberst gestattete es. Paulus hielt auf Hebräisch da wurde das Volk plötzlich still seine Verteidigungsrede: Er erzählt, dass er von Tarsus nach Jerusalem gekommen sei, um unter Gamiel jüdischer Schriftgelehrter zu werden. Als solcher habe er viele Mitglieder der Essener-Gemeinde in den Kerker geworfen und vom Hohepriester den Auftrag erhalten, die abtrünnigen Juden in Damaskus (judaistisch Damaskus, d. h. Qumran) in Fesseln zu legen und nach Jerusalem zu bringen. Auf dem Weg kurz vor Damaskus sei ihm Jesus erschienen. Dabei sei er blind geworden. Ein Mann namens Ananias sei ihm aus

Damaskus entgegengekommen und habe ihn wieder sehend gemacht und zu ihm gesagt: »Der Gott unserer Väter hat dich dazu bestimmt, seinen Willen zu erkennen, den Gerechten zu sehen und seine eigene Stimme zu hören. Du sollst vor allen Menschen bezeugen, was du gesehen und gehört hast. Rufe seinen Namen an, lass dich taufen und von all deinen Sünden reinigen«. Als er nach Jerusalem zurückgekehrt sei, habe er Jesus im Tempel wieder gesehen (eine völlig neue Version) und von ihn vernommen: »Zieh eilends weg von Jerusalem! Denn sie werden dein Zeugnis über mich nicht annehmen ... Zieh weg, ich will dich in die Ferne zu den Heiden senden« (Apostelgeschichte 22, 1–21). Paulus muss sich verhört oder phantasiert haben. Denn das hat Jesus ihm sicher nicht gesagt. Doch in diesem Moment entsteht der selbsternannte Apostelfürst Paulus und mit ihm das Christentum.

Zurück zur Burg Antonia: Bis Paulus seine Verteidigungsrede beendet hatte, hörte ihm das Volk zu. Jetzt aber schrie es wieder laut: »Hinweg von der Erde mit einem solchen Menschen! Er darf nicht länger am Leben bleiben!« Der Oberst liess ihn deshalb in die Burg führen, um ihn unter Geisselhieben zu verhören. Doch Paulus machte sein römisches Bürgerrecht geltend und sofort liess man von der Folter ab und liess ihn am nächsten Morgen vor den Hohen Rat führen, um herauszufinden, wofür Paulus denn genau angeklagt sei. Auf ihre Fragen antwortete Paulus: »Wegen der Hoffnung auf die Auferstehung stehe ich vor Gericht.« Als der Oberst erfuhr, dass tags darauf eine Rotte zwischen der Burg und dem Hohen Rat bereit sei, um Paulus zu töten, liess er ihn nicht mehr vors Gericht bringen, sondern gab seinen Hauptleuten den Befehl für die Nacht zweihundert Fusssoldaten, siebzig Reiter und zweihundert Lanzenträger bereitzustellen, um Paulus nach Cäsarea zum Landpfleger (Präfekt) Felix zu bringen. Dieser wollte Paulus aber nicht in Abwesenheit der Ankläger verhören und nahm ihn im Schloss des Herodes (Agrippa II) in Gewahrsam (vgl. Apostelgeschichte, 22, 2223, 1–35). Dasselbe geschieht unter Felix Nachfolger Festus. Auch er will Paulus nicht verhören, wenn die Kläger nicht dabei sind. Doch

Paulus wusste, dass diese ihn auf dem Weg von Cäsarea nach Jerusalem, ermorden wollten, und legte Berufung ein, was ihm Festus gewährte (vgl. Apostelgeschichte, 24, 10ff. und 25, 1–12).

Einige Tage später trafen König Agrippa II mit seiner Frau Berenike, die auch seine Schwester war, in Cäsarea ein, wo Festus mit dem König den Fall Gefangenen, Paulus, besprach. Der König wollte mit Paulus reden. Bei diesem Gespräch erzählt Paulus nochmals sein Leben, seine Bekehrung und dass er in Damaskus (Qumran) den Auftrag erhalten habe, auch bei den Heiden zu missionieren: ein Auftrag, den nur der Römer Paulus so verstanden hat, aber sicher niemand aus der Essener-Gemeinde in Qumran. Dann erzählt er von seinem Glauben an den Sohn Gottes Jesus Christus, der ihn erlöst habe und die leibliche Auferstehung von den Toten verheissen habe. Weil er dieses Evangelium predige, sei der ganze Streit mit den Juden in Jerusalem ausgebrochen.

Agrippa war von dieser Verteidigungsrede des Paulus sehr beeindruckt und soll gesagt haben, dass er beinahe Christ geworden wäre, doch er sei dem Gott-Kaisertum Roms verpflichtet. Das paulinische Evangelium, das Jesus zu Christus und Jesus Christus zum Sohn Gottes machte, ist jedenfalls dem tumben Gott-Kaisertum Roms weit überlegen. Im Weggehen bemerkt Agrippa: »Man könnte den Mann freilassen, wenn er nicht Berufung beim Kaiser (Nero) eingelegt hätte« (Apostelgeschichte, 25, 1327; 26, 1–32).

24.2   Die Gefangenschafts-Reise nach Rom

Das Schiff fuhr von Caesarea nach Sidon, wo man Paulus erlaubte, seine Freunde zu besuchen und sich mit dem Nötigsten einzudecken. Dann segelte man an Zypern vorbei, dann der Küste entlang nach Kilikien und Pamphylien und schliesslich nach Myra, wo es einen grossen Weizenumschlagplatz gab. Dort wurde auf ein alexandrinisches Schiff gewechselt, das nach Italien fuhr. Nur sehr langsam ging die Fahrt weiter bis auf die Höhe von Knidos (gegenüber von Kos). Von dort ging es fast ohne Wind an die Südküste Kretas in eine Bucht namens Kaloi-Limenes. Dann kamen Herbststürme auf, und die Fahrt wurde gefährlich. Da bei Kaloi-Limenes, wo Paulus überwintern wollte, kein guter Platz zum Überwintern war, beschlossen der Reeder, der Steuermann, die Mannschaft und die Soldatenes waren mit den Gefangenen insgesamt zweihundertsechsundsiebzig Personen an Bord bis nach Phönix (beim heutigen Loutro, an der Südküste im Westen der Insel) zu fahren, um erst dort den Winter zu verbringen. Das ging aber nicht, weil ein Nordoststurm das Schiff von der Insel wegtrieb. Man zog die Segel ein, um nicht noch mehr gegen Südwesten Richtung der Syrte (Lybien) abgetrieben zu werden, wo es viele Untiefen und Klippen gab. Man liess das Schiff einfach treiben, und sah mehrere Tage weder Sonne noch Sterne. Dabei trieben sie schon die vierzehnte Nacht im Adriatischen Meer, als die Schiffsleute die Nähe vom Land vermuteten. Sie warfen das Senkblei immer wieder und stellten schliesslich eine Tiefe von fünfzehn Klafter (27.75 Meter) fest. Als der Morgen dämmerte, ermunterte Paulus die Leute zu essen, was sie schon zwei Wochen lang nicht mehr getan hatten. Als alle satt waren, warf man die Getreideladung über Bord, um das Schiff zu erleichtern. Als es Tag wurde, sahen sie Land, kannten es aber nicht, bemerkten aber eine Bucht mit flachem Strand, sie kappten nun auch die Anker und liessen alles, was nicht fest und genagelt war, ins Meer fallen. Dann liefen sie auf eine Sandbank auf. Der Bug bohrte sich fest und das Heck zerschellte an den Wogen. Die Soldaten wollten die Gefangenen töten, damit keiner schwimmend entkommen konnte. Der Hauptmann aber befahl, zuerst sollen diejenigen gehen, die schwimmen können, und sollen versuchen, das Land zu erreichen, dann alle übrigen auf Planken und sonstigen Schiffstrümmern. Als alle gerettet waren, erfuhren sie, dass die Insel Malta heisst. Die Einheimischen waren äusserst gastfreundlich und versorgten alle während der Dauer ihres Aufenthaltes mit dem Nötigen. Nach drei Monaten fuhr man weiter auf einem alexandrinischen Schiff, das auf Malta überwintert hatte. Der nächste Hafen, den man anlief, war Syrakus, wo man drei Tage blieb. Von dort ging es weiter der Küste entlang nach Rhegium (Reggio di Calabria). Da tags darauf der Südwind einsetzte, war man in zwei Tagen in Puteoli (Pozzuoli, westlich von Neapel). Dort traf Paulus Juden, die ihn baten, sieben Tage zu bleiben. Nach der Ankunft in Rom erhielt Paulus die Erlaubnis, mit dem Soldaten, der ihn bewachte, eine eigene Wohnung zu beziehen. Dort traf er auch die Vorsteher der Juden, die ihn nach seiner religiösen Ansicht fragten.»Denn von dieser Sekte ist uns nur bekannt, dass sie überall Widerspruch findet«. Paulus:»...es sei euch kundgetan, dass da Heil Gottes den Heiden gesandt worden ist..., die ihm Gehör schenkten.« Darauf gingen die Juden in heftigen Streit von ihm weg. Er blieb noch zwei volle Jahre in seiner Mietwohnung und nahm alle auf, die zu ihm kamen. Mit allem Freimut verkündete er ungehindert das Reich Gottes und *seine* Lehre über den Herrn Jesus Christus (vgl. Apostelgeschichte 27, 128,31).

Hier bricht die von Lukas geschriebene Apostelgeschichte plötzlich und unmittelbar ab. Niemand weiss, warum dies geschehen ist. Es gibt natürlich spätere Überlieferungen: Paulus sei ins Gefängnis gebracht, man habe ihm eine persönliche Audienz beim Kaiser gewährt, man habe ihn befreit und nach Spanien gebracht, welches er als nächstes missionieren wollte. Doch muss man annehmen, dass Paulus als etwa Einundsechzigjähriger der Christenverfolgung Neros (64/65 n. Chr.) in Rom zum Opfer gefallen und zusammen mit Petrus ermordet worden ist.

Paulus wusste, wie man Geschichte macht. Er verstand seine Missionstätigkeit wie ein Trainer einer durchgedrillten Sprinterstaffel: Wir müssen gewinnen! Wir werden gewinnen! Es sind zwar viele Läufer auf der Strecke, doch nur eine Staffel kann gewinnen, und das sind wir! Er wusste, wie er *sein* Christentum begründen musste. Dazu war ihm jedes Mittel recht: die Lüge, die Täuschung, etwa wenn er von der Gemeinde in Jerusalem wegen seiner Lauheit zu sieben Tage Busse verurteilt wurde. Er büsste locker, dachte aber nicht im Traum daran, seine Pläne bezüglich der thorafreien Heidenmission aufzugeben. Um *sein* Christentum zu begründen, erschuf er sich ein Jesus-*Bild*, auf das er seine Theologie gründete, ein Bild, das mit dem historischen Jesus, mit seiner Lehre und seinen Plänen nichts mehr zu tun hatte. Der historische Jesus war ein unbedingter Verteidiger der Gesetze Moses': »Wer nur eines dieser Gebote, und sei es das Geringste, aufhebt, wird im Himmelreich der Geringste heissen« (Matthäus 5, 17–20). Seine Gegner waren die Sadduzäer und Pharisäer Jerusalems, die ihm zufolge den Bund mit Gott gebrochen hatten, weil sie mit der römischen Besatzungsmacht und mit der herodianischen Dynastie zusammenarbeiteten. Das hat auch Paulus, quasi ein Herodianer, offensichtlich getan mit seinen vielen Kontakten mit der in Palästina ansässigen römischen Aristokratie. Wenn man von der Lehre des historischen Jesus' ausgeht, ist Paulus der erste Häretiker, der, was Jesus gesagt hat, völlig verbogen hat. Er macht ihn zum Sohn Gottes, der durch seinen Tod und seine Auferstehung alle Menschen, die an ihn glauben, von allen Sünden erlöst, sodass auch ihre leibliche Auferstehung beim Jüngsten Gericht gesichert ist. Und was die Pläne des historischen Jesus' angeht, ist Paulus schlicht verrückt. Jesus wollte die Römer aus Palästina vertreiben und das Königreich Davids wiederherstellen: als Priesterkönigtum, in dem alle in Freiheit und Gerechtigkeit leben. Dass nur ein Israelit König von Israel sein darf, hat Jesus schon als Zwölfjähriger intus gehabt. Es kann deshalb nicht verwundern, dass es zwischen der Essener-Gemeinde, die ab 44 n. Chr. von Jakobus dem Gerechten geführt wurde, zum definitiven Bruch mit Paulus gekommen ist.

Und schliesslich muss man sagen, dass Paulus, und zwar gegen den historischen Jesus, das letztlich so erfolgreiche Christentum und damit die Kirche begründet hat. Ohne ihn, seine Hartnäckigkeit, völlige Furchtlosigkeit und sein Privileg römischer Bürger zu sein, das ihn immer rettete, wenn es für ihn gefährlich wurde, gäbe es gar kein Christentum, zu dem heute 2.3 Milliarden mehr oder weniger Gläubige gehören. Dabei ist der historische Jesus immer Jude geblieben und nie Christ geworden. Dasselbe gilt für seinen jüngeren Bruder, Jakobus den Gerechten, der die Lehre Jesus und seine Pläne sozusagen als sein Stellvertreter übernommen hat.

25

Jakobus der Gerechte

Zuerst muss festgestellt werden, dass Jakobus der Ältere, der Zebedaide und »Bruder des Herrn« um 43 n. Chr. durch Agrippa I mit dem Schwert hingerichtet wurde. Er ging noch zusammen mit Kephas (Petrus) und Johannes nach Antiochia am Orontes (heute: Antakya) um herauszufinden, was Paulus dort predigte. Dort erfuhren sie wohl auch, dass Paulus dort seine Anhänger »Christen« nannte, ein für sie nicht verständliches Wort. Sie zitierten Paulus und seinen Begleiter Barnabas nach Jerusalem zum sogenannten Apostelkonzil, das noch von Jakobus dem Älteren geleitet wurde. Dabei kam es gemäss Paulus zu einem Kompromiss, dem zufolge Paulus bei den Heiden missionieren durfte, die Mitglieder der Essener-Gemeinde aber ausschliesslich bei den Juden. Die Leitung des Konzils war wohl die letzte Tat von Jakobus dem Älteren. Die Apostelgeschichte spricht aber weiter einfach von einem Jakobus, der der Führer der Jerusalemer Gemeinde war. Das Neue Testament identifiziert diesen neuen Jakobus mit dem Sohn des Alphäus und diesen mit Jakobus dem Jüngeren. Doch das ist falsch. Der Sohn des Alphäus ist Jakobus der Kleine beziehungsweise Jakobus der Geringe. Er ist sicher nicht Jakobus der Jüngere. Doch wer ist dieser Jakobus, von dem wir im Neuen Testament wohl mit Absicht nichts erfahren. Er sei nach 2 oder 4 Jahre nach Jesus im Raum Jerusalems geboren worden, vielleicht sogar in Bethlehem.

Jakobus der Jüngere, der auch »Jakobus der Gerechte« ist, wird im Unterschied zu Jakobus dem Älteren nicht »Bruder des Herrn«, sondern »Herrenbruder« genannt. Er ist der zweite Sohn Marias und der erste, den Josef mit ihr zeugte. Das kann natürlich gemäss der Kongregation für Glaubenslehre unmöglich wahr sein, denn das stürzte schon zum zweiten Mal die Dogmen der Unbefleckten Empfängnis und der immerwährenden Immaculata. Es ist deshalb geradezu zwangsläufig, dass der Vatikan nichts von diesem Jakobus wissen will und ihn mit Sohn des Alphäus verwechselt, von dem wir seit seiner Berufung zum Apostel, aber nichts mehr vernommen haben. Dabei widerspricht der Vatikan den angeblich historisch richtigen Evangelien, denen zufolge Jesus mindestens sieben Geschwister hatte, von denen die männlichen sogar mit Namen bekannt sind. Bei Matthäus (13, 55ff.) heissen die vier Brüder Jakobus, Josef, Simon und Judas, bei Markus (6,3) Jakobus, Joses, Judas und Simon. Dabei bedeutet das griechische Wort »Adelphos« unmissverständlich »Bruder« und kann nicht in »Cousin«, »Neffe« oder »andere nahe Verwandte« umgedeutet werden, was der Vatikan zwangsläufig tut. Maria und Joseph zeugten also eine ganze Kinderschar, die sich allerdings, nachdem Jesus als etwa Vierzehnjähriger die Familie verliess, nicht mehr um ihn kümmern konnte, weil sie nicht einmal wusste, wohin er gegangen ist, und ob er überhaupt noch lebt. Das gilt natürlich auch für Jakobus, den Zweitgeborenen Marias. Auch er verliess die Familie und wurde Mitglied der Essener-Gemeinder in Jerusalem. Dass wir die Namen der Schwestern Jesu nicht kennen, ist im höchst patriarchalischen Judentum der Zeit einfach eine Selbstverständlichkeit: Mädchen sind minderwertig.

Jakobus wird erst wieder auf seinen Bruder Jesus aufmerksam als dieser, weil er König der Juden werden wollte, als staatsgefährdender Rebell gekreuzigt wurde. Und als er erfuhr, dass das Grab leer war, wusste er plötzlich, dass Jesus einer der bedeutendsten Menschen war. Er wurde Mitglied der Essener-Gemeinde in Jerusalem und schon bald, um 44 n. Chr. deren Führer, in dem Paulus endlich einen ebenbürtigen Gegner hatte, den er nicht einfach übertölpeln konnte, ja er wird an Jakobus völlig die Nerven und, was für ihn völlig untypisch ist, auch jede Selbstbeherrschung verlieren. Jakobus, der Gerechte ist jedenfalls der bedeutendste Jude zwischen 44 n. Chr. bis zum Beginn des jüdischen Aufstands gegen Rom, der 66 n. Chr. begann. Wir können sein Todesjahr ziemlich genau festlegen. Es liegt zwischen dem Tod des römischen Prokurators Portius Festus (60–62 n. Chr.) und seinem Nachfolger Lucceius Albinos (62–64). Er muss also 62 n. Chr. gestorben sein.[69] Ob er etwas mit den Vorbereitungen des Jüdischen Aufstandes gegen Rom zu tun hatte, der von 66–73 in Palästina tobte, ist nicht nur wahrscheinlich, sondern sicher. Er war der Promotor des Aufstands.

Von Jakobus selbst kennen wir nur zwei Aussagen aus dem sogenannten Jakobusbrief: »Ihr habt den Gerechten (Jesus) verurteilt, ja hingemordet.«[70] Und: »Wer nämlich das ganze Gesetz hält, aber in einem einzigen Punkt fehlt, der ist in allen (Punkten) schuldig geworden.«[71]

Viele Einsichten über Jakobus verdanken wir Robert Eisenman, der über Jakobus den »Gerechten« mehr geschrieben hat als irgendjemand sonst. Dazu musste er allerdings auf Schriften Bezug nehmen, die nicht zu den kanonischen gehören.

Da wir über das Leben und die Person von Jakobus fast nichts wissen, hat es sich Robert Eisenman in den Achtzigerjahren des letzten Jahrhunderts daran gemacht, etwas Licht in dieses Dunkel zu bringen. Eine seiner Informationsquellen sind die sogenannten »Erkenntnisse« des Clemens Romanus aus den ersten Jahren des dritten nachchristlichen Jahrhunderts. In diesem Text steht, ein nicht namentlich genannter »Gegner« sei mit seiner Gefolgschaft in den Tempel gestürmt, als Jakobus gerade dort predigte. Dieser »Gegner« verhöhnt die Zuhörer des Jakobus' [die Eiferer für das Gesetz, für die kein Jota aus Gesetz verschwinden darf] und übertönt den Prediger mit lautem Lärm. Darauf fängt er an die Menge mit Schmähungen und Flüchen in Rage zu versetzen und wie ein Wahnsinniger [im Rausch des Gewinnen-Müssens] zum Mord anzustacheln, indem er ihnen zuruft: »Was tut ihr? Was zögert ihr [meinen thorafreien Glauben anzunehmen]? Oh ihr Schlappschwänze und Faulpelze, warum legen wir nicht Hand an sie und reissen diese Kerle in Stücke?«[72] Der »Gegner« bleibt aber nicht bei diesen verbalen Attacken, sondern ergreift ein brennendes Holzscheit und drischt damit auf die versammelten Andächtigen ein. Es kommt zu einem noch grösseren Aufruhr. Es fliesst viel Blut und eine panische Flucht setzt ein, in deren Verlauf der Gegner Jakobus angreift und ihn kopfüber die Treppe hinunterstürzt. Da er ihn für tot hält, wendet er keine weitere Gewalt gegen ihn an.[73] Jakobus ist aber nicht tot. Noch vor Tagesanbruch des nächsten Tages flieht der Verletzte mit seinem Gefolge nach Jericho, um sich dort zu kurieren. Am Schluss seines Textes macht Clemens darauf aufmerksam, dass der »Gegner« derselbe Mann ist, der vom Hohepriester einmal beauftragt wurde, alle festzunehmen, die nicht an Jesus glauben, und mit seinen Festnahmebriefen nach [judäisch] Damaskus, das heisst nach Qumran zu ging.[74]

Paulus wollte also Jakobus den Gerechten töten. Wenn wir dem apokryphen Thomas-Evangelium, das um die Mitte des 2. Jahrhunderts entstanden ist, Glauben schenken, ist es erstaunlich, dass der historische Jesus keinen der Apostel, und schon gar nicht Paulus, sondern seinen Bruder Jakobus explizit als seinen Nachfolger bestimmt hat. Die Jünger sagten zu Jesus: »Wir wissen, dass du uns verlassen wirst. Wer wird uns dann leiten?« Jesus antwortete ihnen: »Geht [nach Jerusalem] zu Jakobus dem Gerechten, … « (Thomas-Evangelium, Logion 12). Auch das ist ein Hinweis darauf, wie weit sich der historische Jesus sich vom paulinischen Jesus und dem Christentum Paulus' entfernt hat.

Eisenmans wohl wichtigste Quelle ist aber Eusebius, der im vierten nachchristlichen Jahrhundert Bischof von Caesarea, der römischen Hauptstadt von Judäa und Autor eines bedeutenden Geschichtswerks über die frühe Kirche war. Eusebius zitiert ausführlich ältere Autoren, deren Werke heute fast ausnahmslos verschollen oder unzugänglich gemacht worden sind. Wo er von Jakobus spricht, greift er auf Clemens, Bischof von Alexandria zurück, dem zufolge Jakobus von der Tempelmauer herabgestürzt und dann mit einem Knüppel erschlagen worden sei.[72] Deshalb trägt er in der Ikonendarstellung einen Knüppel.

Falsch ist 1. dass Jakobus von der Tempelmauer herabgestürzt und 2. dass er dann mit Knüppel erschlagen worden ist. Denn die Tempelmauer ist 46 Meter hoch. Wer von ihr herabstürzt, braucht nicht noch mit einem Knüppel erschlagen zu werden.

Eusebius zitiert auch Hegisippus, einen Kirchenhistoriker des zweiten Jahrhunderts, dessen Texte heute verschollen oder unzugänglich gemacht worden sind. Gemäss Eusebius soll Hegisippus über Jakobus den Gerechten Folgendes gesagt haben:»Er trank keinen Wein … ass kein Fleisch, schor niemals sein Haar; er salbte sich nicht mit Öl und badete sich niemals. Ihm allein war erlaubt, den heiligsten Ort des Tempels zu betreten … Er trug priesterliche Gewänder, die nicht aus Wolle, sondern aus Leinen sind. Er betrat das Heiligtum immer alleine, und man sah ihn oft für das Volk beten, sodass seine Knie hart wurden wie die eines Kamels. Wegen seiner unübertreffbaren Gerechtigkeit nannte man ihn den Gerechten.«[73]

Zu diesem Zitat aus Hegisippos muss man sagen, dass Leinengewänder zu tragen das Privileg derer war, die im Tempel dienten und einem Priestergeschlecht angehörten. Und das war damals die mit Rom verbandelte Sadduzäer-Aristokratie. Nur ihr Hohepriester durfte das Allerheiligste des Tempels betreten. Beim Kirchenhistoriker Epiphanius (320–403), der Bischof von Salamis (Zypern) war, hat Eisenman sogar eine Stelle gefunden, die besagt, dass Jakobus die Mirta des Hohepriesters getragen habe.[74] Doch von allem was gemäss Eusebius Hegisippus und Epiphanius über Jakobus den Gerechten sagen, ist manches einfach falsch vielmehr war Jakobus ein Gegen-Hohepriester, ein Rebell, der sich gegen das Arrangement der etablierten Priesterschaft mit Rom auflehnt und erst 62 n. Chr. die Funktion des Hohepriesters an sich brachte, weil der Hohepriester Ananias (50–60 n. Chr.) dies Amt missbrauchte.[75]

Gemäss Eusebius, der sich wieder auf Hegisippos bezieht, beschliessen die »Schriftgelehrten und Pharisäer«, Jakobus zu beseitigen: »Sie gingen also hinauf und warfen den Gerechten hinab«. Sie sagten zueinander: »Lasst uns Jakobus, den Gerechten steinigen!«, und fingen an, ihn zu steinigen. Da er trotz seines Sturzes nicht tot war …, nahm einer von ihnen einen Knüppel, mit dem man sonst Kleider auszuklopfen pflegt, und liess ihn auf das Haupt des Gerechten niederkrachen. So starb er den Märtyrertod, den seine Anhänger mit der Ermordung des Hohepriesters Ananias rächten. Falsch an dem von Eusebius dem Hegisippos zugeschriebenen Zitat ist Folgendes: Es ist nicht wahr, dass die Schriftgelehrten und Pharisäer Jakobus von der Tempelmauer warfen und dann mit einem Knüppel erschlugen, sodass er den Märtyrertod starb. Richtig ist allein, dass die Anhänger des Jakobus den Hohepriester Ananias aus Rache töteten, weil dieser Jakobus umgebracht hatte.

»Unmittelbar nach dem dies geschehen war, begann Vespasian, [der 69 n. Chr. Kaiser wurde], sie [die Stadt Jerusalem] zu belagern.« Er war der Heerführer, der den jüdischen Aufstand von 66 n. Chr. niederschlagen sollte. Hier zeigt sich wieder eine Verbindung zwischen Jakobus und dem Aufstand. Doch Eusebius geht noch weiter. Die ganze »Belagerung Jerusalems«, [die dann zur Zerstörung der Stadt und ihres Tempels, sowie bis 73 n. Chr. zur völligen Zerstörung ganz Palästinas führte, sei so meint Eusebiussei eine direkte Folge der Ermordung des Jakobus gewesen »aus keinem anderen Grunde als wegen des verruchten Verbrechens, dem er zum Opfer gefallen ist.«[82.]

Diese Behauptung wird sowohl von Flavius Josephus als auch von Origenes (um 150 n. Chr.) gestützt. Zum Aufstand vom 66 n. Chr. und der darauf folgenden Invasion der Römer schreibt Josephus, dass

»dies geschah den Juden zur Strafe für [Ermordung] des Jakobus ...
[durch den Frevelpriester Ananias] ... , der ein Bruder Jesu war ... ,
denn obwohl er der Gerechteste unter den Menschen war, haben ihn
die Juden [die Schergen des Hohepriesters Ananias] umgebracht.«[83]

Aus den Studien Eisenmans geht jedenfalls zweifelsfrei hervor, dass
Jakobus eine weit wichtigere Rolle im ersten Jahrhundert gespielt hat,
als es die christliche Tradition wahrhaben will, ja sie macht ihn zu einer
Randfigur, weil sie ihm mit Jakobus, dem Sohn des Alphäus verwechselt: Sie schreibt ihm sogar das gleiche Todesjahr zu wie Jakobus dem
Gerechten, was die Verwechslung geradezu zementiert. Doch die beiden
haben nichts miteinander zu tun. Den wirklichen Jakobus den Gerechten gibt es für das Christentum gar nicht, wohl weil das den Ruf des
Paulus erheblich schädigen würde, denn er hat Jakobus den Gerechten
zu töten versucht und geglaubt, dass er tot sei, sodass man Paulus durchaus als Mörder bezeichnen kann, zumindest was das Gewissen betrifft,
vorausgesetzt, dass er in seinem Wahn des Gewinnen müssen überhaupt
ein solches hatte. Doch das kann und will das paulinische Christentum
unter keinen Umständen zugeben.

25.1 Das Ossuar mit der Inschrift: »Jakobus, Sohn Josephs und Bruder Jesus«: ein Jahrtausendfund

Doch dafür, dass Jakobus der Gerechte so wie wir ihn dank Eisenman
beschrieben haben, wirklich existiert hat, gibt seit 2002 sogar einen
archäologischen Beweis. André Lemaire (*1942) von der Sorbonne-
Universität, der ein weltweit anerkannter Experte für aramäische Schrift-
zeichen ist, hielt sich zu Forschungszwecken in Israel auf. Ein Antiquitätenhändler wollte ihm etwas zeigen: einen kleinen Sarkophag aus
Sandstein von kaum fünfzig Zentimeter Länge. Um die Zeitenwende

verwendeten die Juden solche Särge zur Zweitbestattung von Verstorbenen, die man zuvor ein Jahr lang in einer Grabhöhle aufgebahrt hatte, bis vom Körper nur noch das nackte Gerippe übrig blieb. Dann wurden die Knochen eingesammelt und in einem kleinen Steinsarg beigesetzt in einem sogenannten Ossuar (»ossum«, der Knochen). Man hat in der Gegend von Jerusalem Tausende solcher Knochenkästen gefunden. Was Lemaire die Augen aus dem Kopf treten liess, war denn auch nicht das Ossuar als solches, sondern die eingemeisselte Inschrift. »Ich war fassungslos«, erzählte er später. Man kann es ziemlich leicht entziffern: *»Jakobus, Sohn des Josef, Bruder von Jesus«.*

Als man das Jakobus-Ossular im Herbst 2002 der Welt vorstellte, schlug die Nachricht wie eine Bombe ein. Eisenman, der ein sehr dickes Buch mit dem Titel:»James, the Brother of Jesus« (1996) geschrieben hat, drückte aus, was viele Forscher dachten:»Falls echt, ist das ein Millenniumfund, vielleicht sogar der wichtigste der letzten zwei Jahrtausende«. Denn diese Inschrift ist der erste archäologische Beweis, dass Jesus und sein Bruder Jakobus, später »der Gerechte« im 1. Jahrhundert existierten, und zwar so, dass Jesus seinen jüngeren Bruder als seinen Nachfolger bestimmt hat (nicht Petrus und auch sonst keinen Apostel, und schon gar nicht Paulus).

Gegen die Zweifler an der Echtheit der Inschrift hat Lemaire darauf bestanden, dass sie authentisch sei, die Form der Buchstaben und die Grammatik entsprächen der Zeit des ersten nachchristlichen Jahrhunderts.[84]

Natürlich gab es sofort katholische Kritiker wie Josef A Fitzmyer von der Catholic University of America oder Jeffrey R. Chadwick von der Brighman University (Utah), die der Kirche Jesu Christi, der Heiligen der letzten Tage, gehört. Doch die beiden untersuchten gar nicht, dass Ossuar das André Lemaire gefunden hatte. Dieses war nämlich aus

Sandstein, während ihres aus Kalkstein und eine Kopie aus den sechziger Jahren des zwanzigsten Jahrhunderts war, dessen Frontseite zudem patiniert ist, was beim Sandstein-Ossuar Lemaires nicht der Fall ist.

25.2 Jakobus der Gerechte: der Pfahl im Fleisch von Paulus

Die Studien Eisenmans, dem wohl besten Kenner der Religionskonflikte des ersten nachchristlichen Jahrhunderts hat auch gezeigt, dass die Essener Qumrans, die ihr Führungszentrum nach der Kreuzigung Jesu nach Jerusalem verlegten, nicht einfach fromme Menschen waren, die die Politik und öffentliches Leben mieden, persönliche Erlösung anstrebten und kein anderes Reich wollten als das himmlische. Sie gehörten vielmehr zu den militanten Gruppen des damaligen jüdischen Nationalismus, die als »Eiferer für das Gesetz« dieses strikt aufrechterhalten, die korrupte sadduzäische Tempelpriesterschaft absetzen, die Dynastie illegitimer Marionettenkönige stürzen, die Römer aus Palästina vertreiben und das Königreich Davids wiederherstellen wollten.

Doch bevor wir mit den Einsichten Eisenmans fortfahren, haben wir noch eine andere Frage zu klären. Als Paulus als Werkzeug des Hohepriesters, mit dessen Verhaftungs- und Tötungsbefehlen ausgestattet, mit einer Kohorte, 38 n. Chr. nach judaistisch Damaskus, das heisst nach Qumran ritt, gab es dort immer noch eine Persönlichkeit, die von der Gemeinde als »Lehrer der Gerechtigkeit« bezeichnet wurde. Wer war dieser »Lehrer der Gerechtigkeit«? Ich habe schon die Meinung vertreten, dass dieser Lehrer Jesus war, der, um sich zu schützen, jetzt Judas nannte. Nicht die Erscheinung vor Qumran hat Saulus zu Paulus gemacht, sondern seine Begegnung mit Judas, den Paulus wohl nicht als Jesus erkannt hat. Auf Grund dieser für Paulus überwältigen Begegnung liess er sich auf die in Qumran übliche dreijährige Probezeit ein und wurde an deren Ende als volles Mitglied in die

Gemeinde aufgenommen. Doch schon bald kommt es zu Streit zwischen Paulus und dem Lehrer der Gerechtigkeit und Paulus wird sein Gegner, weil er innerhalb der Gemeinde eine eigene Gemeinde von Abtrünnigen bildet und sie dazu überredet, dass sie mit ihm Qumran zu verlassen, was auch geschieht. Paulus wird vom Lehrer der Gerechtigkeit deshalb, weil er den Eid auf das Gesetz gebrochen hat, als »Lügenmann«, »Lügenpriester« oder »Mann der Lüge« bezeichnet, der eine Gemeinde der Lüge aufbaut, die später das Christentum wird. »Die Abtrünnigen mit dem Lügenmann ... hörten nicht auf die Worte des Lehrers der Gerechtigkeit aus dem Munde Gottes«.[85] Stattdessen habe er sich an »die Abtrünnigen vom Neuen Bund gewandt, die nicht an den Bund Gottes glauben und seinen heiligen Namen entweihen.«[86] Und der Text es Habakuk-Kommentars spricht vom »Lügenmann, der verworfen hat das Gesetz inmitten [der] Gemeinde«[87] und vom »Lügenprediger, der viele verleitete ... eine Gemeinde durch Lüge zu errichten.«[88]

Eisenman weist darauf hin, dass Paulus stets überempfindlich reagiert, wenn ihm Schwindel oder Meineid vorgeworfen werden. In seinem Brief an Thimotheus (2,7) sagt er, als ob er sich verteidigen müsste: »Ich sage die Wahrheit, ich lüge nicht.« Und im zweiten Korinther (11,31) schwört er: »Der Gott und Vater des Herrn Jesus ... weiss, dass ich nicht lüge« Seine Briefe enthüllen ein geradezu zwanghaftes Begehren, sich von der Anklage der Falschheit reinzuwaschen. Wer dies immer wieder sagen muss, gerät durchaus in Verdacht, ein notorischer Lügner zu sein.

[Doch es bleibt nicht beim In-Verdacht-geraten: Paulus lügt immer, wenn die Lüge seinen fanatisch verfolgten Zielen dient; p. g.].

Gemäss Eisenman hat der Lehrer der Gerechtigkeit einen zweiten Gegner. Er wird »der Frevelpriester« genannt und als korrupter Vertreter der etablierten Priesterschaft dargestellt, die den wahren Glauben verraten hat. Er bildet eine Verschwörung, um die »Eiferer für das Gesetz« zu vertilgen. Für den Lehrer der Gerechtigkeit ist der Frevelpriester eindeutig der Hohepriester, der, weil er keine Kapitalgerichtsbarkeit hatte, einen der Nachfolger des korrupten Opportunisten Pilatus dazu brachte, mit seinem Werkzeug Paulus die Mitglieder der Gemeinde von Qumran zu verhaften und ihre Führer zu töten.

Für Jakobus den Gerechten, der dieselben Tugenden und dieselbe Meinung über das Gesetz hat wie sein Bruder Jesus, ist Paulus, der sein thorafreies Evangelium predigt, ebenfalls einen Lügenpriester, für Jakobus den Gerechten gibt es sogar zwei Frevelpriester: Paulus, der ihn töten wollte, und den Hohepriester Ananias, der das dann tatsächlich tat.

26

Das Jesus-Bild des Paulus und seine Transformation von Jesus in den Sohn Gottes

Wir haben jetzt noch die Frage zu klären: Woher hat Paulus seine Theologie und sein Jesus-Bild. Dazu müssen wir wiederum auf Eisenman, den Spezialisten für solche Fragen, zurückgreifen. Woher hat Paulus das Prinzip, dass der Glaube Vorrang vor dem Gesetz hat? Eisenman hat entdeckt, dass dieses Prinzip ursprünglich aus dem *Buch* Habakuk stammt, einem apokryphen alttestamentarischen Text, der aus den Dreissigerjahren des sechsten Jahrhunderts v. Chr. stammt. Gemäss Kapitel 2, Vers 4 dieses Buches »wird der rechtschaffene Mensch durch seinen Glauben leben.« [Vers 4 des 2. Kapitels des Buches Habakuk ist semantisch und logisch unfertiger Satz. Man muss doch fragen: Leben durch den Glauben woran? Ist dieser Glaube der Glaube an die strikte Verbindlichkeit der mosaischen Gesetze, was der Autor des Buches Habakuk wohl meinte. Ist er der Glaube an die Lehre des »Lehrers der Gerechtigkeit«, der für die Essener Qumrans verbindlich war? Oder ist er der Glaube Paulus', dass Jesus Christus der der Sohn Gottes ist? Das dürre Sätzchen in Vers 4 des 2. Kapitels des Buches Habakuk beantwortet keine dieser Fragen.

Der Habakuk-Kommentar, der 40/41 geschrieben wurde, aber zu den erst im 20. Jahrhundert entdeckten Schriftrollen vom Toten Meer gehört und Glossen und exegetische Auslegungen des Buches Habakuk enthält, konnte Paulus natürlich nicht kennen.

173

Im Kommentar wird Vers 4 des Kapitels 2 des Buches Habakuk zitiert: »Aber der Gerechte soll leben durch seinen Glauben«, und dann erläutert. Die Deutung von Vers 4 bezieht sich aber nur auf die, die auf dem Weg des Gesetzes wanden im Hause Juda. Nur sie wird Gott retten aus dem Hause des Gerichts, wegen ihrer Drangsal und wegen ihres Glaubens an den Lehrer der Gerechtigkeit.

Der Kommentar besagt ausdrücklich, der Glaube an den Lehrer der Gerechtigkeit sei der Weg zur Befreiung und Erlösung.

Da sich Paulus sich nur auf das dünnen Verslein 4 des Buches Habakuk stützt und es willkürlich in seinen Glauben verdreht, muss man annehmen, dass er aus diesem Verslein seine Theologie und sein Jesus-Bild abgeleitet hat.

Kapitel 2, Vers 4 aus dem Buch Habakuk wird von Paulus immer wieder zitiert, im Römerbrief (1,17), im Galaterbrief (3,11)) und im Hebäer-brief (10,38): sozusagen als locus classicus für die dir Rechtfertigung des Paulinismus.

Für seinen Gegner, Jakobus der Gerechte, hat der Glaube an der Lehre der Gerechtigkeit zwar höchste Bedeutung. Entscheidend sind für ihn aber auch die guten Werke, die ein Mensch tut, natürlich unter der Strenge des Gesetzes.

Anmerkungen

[1] Der Mann hat aber keine Samen, sondern Spermien. Das wissen wir erst seit 1900, als die Genetik eine empirische Wissenschaft wurde. Sie hat zwar einen Vater: Gregor Johann Mendel (1822–1884). Mendel war ein österreichisch-schlesischer Eremit des Augustiner-Ordens und wurde später Abt der Brünner Abtei St. Thomas (heute Brno). Aus armen Verhältnissen kommend, studierte er Philosophie und einige Naturwissenschaften, schloss aber aus Nahrungsmangel nie ab und musste sein Geld immer wieder als Hauslehrer verdienen. Als Abt verbrachte er seine ganze Freizeit im Klostergarten und wandte sich zuerst den Erbsen zu (später auch den Habichtkräutern). Er wählte 22 verschiedene Erbsensamen und kreuzte in Zehntausenden Versuchen die blühenden Pflanzen, indem er die Pollen (maskulin) einer Sorte auf die Narben (feminin) einer anderen Sorte übertrug. Dabei schloss er mit höchster Sorgfalt jede Fremdbestäubung aus. Aus 355 künstlichen Befruchtungen zog er 12980 Hybriden (= aus Verschiedenartigem Zusammengesetztes). Zwischen 1856 und 1863 kultivierte er ca. 28000 Erbsenpflanzen. 1866 lagen seine Versuche gedruckt vor: Versuche über Pflanzen-Hybriden. Dieser Text zeigt, dass aus seinen Experimenten drei Vererbungsgesetze resultieren. Seine Arbeit wurde aber nicht anerkannt, vor allem, weil er katholischer Priester war. Anerkennung fand Mendel erst, als um 1900 verschiedene Genetiker wie Bateson, Correns, de Vries und Tschermak unabhängig voneinander Mendels Einsichten bestätigen konnten. Und sie dehnten die Einsichten Mendels auf die ganze Pflanzen- und Tierwelt aus.

In den Hoden des Mannes werden Spermien produziert, in den Neben- hoden aufbewahrt. Spermien sind keine Samen, sondern haploide Zellen, die in ihrem Zellkern nur *einen* Chromosomensatz enthalten, die sogenannte DNA, und zwar in sehr verwickelter Weise. Würde man sie in die Länge ziehen, wäre sie etwa 2 Meter lang. Jeder Chromosomensatz enthält 23 Chromosomen, genauer 22 plus entweder ein X- oder ein Y-Chromosom. Durchbricht ein Chromosomensatz mit X-Chromosom die Wand der weiblichen Eizelle, entsteht erst dann ein Samen, der sich zu einem Mädchen entwickeln kann. Enthält der Chromosomensatz ein Y-Chromosom und durchbricht dieser die Wand der Eizelle, entsteht ein Same, aus dem sich ein Knabe hervorgehen kann. Bei jeder Ejakulation spritzt der Mann durch seine Harnröhre im Durchschnitt etwa 300 Millionen in Spermienflüssigkeit eingebettete Spermien aus. Beides zusammen ist das Sperma. Spritzt er sie in die vom Harnleiter getrennte Vagina der Frau, sind die Spermien in grosser Zahl im hinteren Scheidegewölbe. Der Weg den sie, dabei weiter reifend, bis zur Eizelle noch zurückzulegen haben, misst etwa 11 bis 14 cm. Ihr Engpass ist der hinter dem Muttermund (Portio) liegende Gebärmutterhals (Cervixkanal), den nur wenige hundert Spermien schaffen. Das liegt zum einen daran, dass sich der weibliche Körper gegen die aus der Harnröhre und dem Penis des Mannes stammenden Bakterien wehrt und so heftige Turbulenzen im Sperma bewirken kann, zum anderen daran, dass das alkalische Sperma dem sauren Scheidenmilieu nicht eben zuträglich ist. Deshalb gehen viele Spermien schon im Scheidengewölbe zugrunde. Sind die Spermien einmal in der Gebärmutter hangeln sie sich an deren Schleimwänden hoch zum rechten oder linken Eileiter, ohne einen Anhaltspunkt zu haben, am Ende welches Eileiters ein reifes, befruchtbares Ovum liegt, was nur in den Tagen um den Eisprung der Fall sein kann.

Auch die Eizelle ist eine haploide Zelle (Zelle mit nur einem Chromosomensatz) Ihre DNA enthält ebenfalls 23 Chromosomen. Das 23. Chromosom ist aber immer ein X-Chromosom. Der Durchmesser dieser Zelle beträgt etwa 0,11 bis 0,14 mm. Sie ist jedoch mehrere zehntausendmal grösser als ein Spermium. Durchbricht *ein* Spermium die Hülle der Eizelle, entsteht eine diploide Zelle mit 46 Chromosomen, eine Zygote. Erst sie ist ein Same, aus dem sich ein Embryo entwickelt. Der Same entsteht nicht den Hoden des Mannes, sondern im Unterleib der Frau, wo er sich zunächst vom nahrungsreichen Innern des Eis ernährt. Es ist sehr unglücklich, dass in der Biologie Spermien immer noch Samenzellen genannt werden. Jedenfalls sind Frauen und Männer gleichverantwortlich bezüglich des Sachverhalts, ob ein Ei befruchtet wird oder nicht. Ja heute sind Frauen dominanter, weil sie eine Befruchtung verhüten können.

Weil man vor 1900 die Entstehung eines Samens durch die Befruchtung einer Eizelle nie verstanden hat, hat man auch die Menstruation der Frau nicht verstanden. Sie war während Jahrtausenden negativ konnotiert, galt als Ausdruck der Minderwertigkeit der Frau. Man wusste nicht, dass ihre etwa monatliche Blutung ein unbefruchtetes Ei mit der Gebärmutterschleimhaut abstösst. Man hielt sie für einen Reinigungsprozess. Denn Frauen hätten zu viel Blut und Nährstoffe in ihrem Körper. Das Blut ihrer Blutung hielt man auch noch für giftig, die Blutung für eine unerlässliche Voraussetzung für den Erhalt der Gesundheit und Fruchtbarkeit der Frau. Gemäss Moses (3. Buch, Kap. 15, 19ff.) ist sie vom Beginn der Blutung an sieben Tage unrein, und alles, was sie berührt, wird unrein und muss gewaschen werden. Und wenn ein Mann innerhalb dieser 7 Tage ihr beischläft, ist auch er sieben Tage unrein.

Im Übrigen zeigt eine Studie der von Daria Knoch (Universität Bern) dass Frauen kurz vor dem Eisprung für Männer besonders begehrenswert duften (Tages-Anzeiger, 12.09.2018). Auch die Kuh duftet für den Stier kurz vor dem Eisprung unwiderstehlich. Und so ist es wohl bei allen Säugetieren. Und auch der Hahn riecht, wann und wo er arbeiten muss. Nur reagieren die Nasen der Männchen wohl sensibler auf den entsprechenden Duft als Männernasen, die durch viel zu viele andere Gerüche absorbiert und deshalb desensibilierter sind.

[2] Baigent/Leigh, »Verschlusssache Jesus«, 24–25.

[3] Ebda, 25–30.

[4] Ebda, 31–36.

[5] Ebda, 37.

[6] Ebda, 38–39.

[7] Ebda, 39–40.

[8] Ebda, 40–42.

[9] John Allegro in: »Time Magazine« vom 15. 4. 1957«, S. 38–39.

[10] De Vaux, »Archaeology and the Dead Sea Scolls«, S 134–135.

[11] De Vaux, »The Qumran Cave Expedition of March 1952«, In: De Vaux »Exloration de la region de Qumran«, 544ff.

[12] Baigent/Leigh, »Verschlussache Jesus«, 44–45.

[13] Ebda, 45–46.

[14] Ebda, 46–48.

[15] Ebda, 49.

[16] Ebda, 50–51.

[17] Ebda, 51–53.

[18] Ebda, 53–57.

[19] Ebda, 57–59.

[20] Ebda, 59–62.

[21] Wilson, »The Scrolls oft he Dead Sea«, 1969–1997, 138.

[22] Ebda, 66–70.

[23] Ebda, 70–88.

[24] Vermes, Geza, »The Dead Sea Scrolls: Qumran in Pespective« 1977, 2. Kap.

[25] Baigent/Leigh, »Verschlusssache Jesus«, 92–95.

[26] vgl. Flavius Josephus, ›Antiquitate‹ 13, 47–491, ders. ›De bello iudaico‹, 1, 274–375.

[27] Baigent/Leigh, »Verschlusssache Jesus«, 97–103.

[28] Ebda, 103–105.

[29] Ebda, 103–114.

[30] Davis, »How not to do Archaeology: The Story of Qumran«, 202–204.

[31] Wilson, »The Dead Sea Scrolls«, 1947–1969, 138.

[32] Baigent/Leigh, »Verschlussache Jesus«, 134–137.

[33] vgl. Ebda, 142–145.

[34] Schroeder, F. J. »Pere Legrange and Biblical Inspiration«, 1954.

[35] Murphy, R. »Lagrange ans Biblical Renewal«, 60.

[36] Baigent/Leigh, »Verschlusssache Jesus«146–149.

[37] Ebda, 155–156.

[38] Ebda, 156–162.

[39] Ebda, 170.

[40] Roth, Cecil, »Did Vespasian capure Qumran? « in: «Palestine Exploration Quaterly, 1959«, 124.

[41] Cross, Frank, »The Ancient Library of Qumran«, 21.

[42] Baigent/Leigh, »Verschlusssache Jesus«, 170–176.

[43] «Apostelgeschiche« 2, 44–46.

[44] »Die Gemeinderegel« I, 11ff.

[44] »Die Gemeinderegel« VI, 2–3.

[45] »Die Gemeinderegel«, V, 9.

[46] »Die Gemeinderegel«, IX, 23.

[47] Baigent/Leigh, »Verschlusssache Jesus«, 177–179.

[48] »Die Gemeinderegel«, VII, 3–4.

[49] »Die Gemeinderegel«, I, 16–17.

[50] »Die Gemeinderegel«, III, 7–8.

[51] »Die Gemeinderegel«, IX, 23.

[52] »Die Kriegsrolle«, VI, 8.

[53] »Die Kriegsrolle«, XI, 7.

[54] »Die Tempelrolle«, LXVI, 10 ff.

[55] »Die Damaskusschrift«, VIII, 21.

[56] Ich stütze mich im ganzen Teil »Die Schriftrollen von Qumran« auf: Baigent/Leigh, »Verschlusssache Jesus«, 177–191.

[57] Plinius, »Historia Naturalis«, 5. Buch.

[58] Philo, »Quod omnis probus liber sit«, XII–XII.

[59] Josephus, »Geschichte des Jüdischen Krieges«, 2. Buch, 8. Kap.

[60] Eisenman, «Macabees, Zadikites, Christians and Qumran«, 6.

[61] Ebda, 109.

[62] Black, »The Dead Sea Scrolls and Cristan Origins«, In: Black, »The Scrolls an Christianity«, 99.

[63] Eisenman, »James the Just in the Habakuk-Pesher«, 99.

[64] Eisenman, »Maccabees, Zadikes, Christians and Qumran«

[65] Ebda.

[66] Eisenman, »Maccabees, Zadikites, Christians and Qumran«, XIII, 4–6

[67] Ebda., 59, Anm. 99: vgl. auch Josephus, Altertümer, 18, 1. Kap.

[68] Baigent/Leigh, »Verschlusssache Jesus«, 222–226.

[69] Josephus, Jüdische Altertümer, 20. Buch, Kap. 9.

[70] Jakobus, 5,6

[71] Jakobus, 2,10; auch in Eisenman, »James the Just in der Habakuk Pesher«, 2, Anm. 6; 21, Anm. 1; 58, Anm. 39.

[72] Clemens Romanus »Erkenntnisse«. I, 70.

[73] Ebda., 2. Buch, Kap. 23.

[74] Clemens I, 71

[75] Eusebius von Caesarea, »Kirchengeschichte«, 2. Buch, Kap. 23.

[76] Ebda.

[77] Eisenman »James the Just in … «, 3.

[78] Eusebius, Ebda.

[79] Eusebius, Ebda.

[80] Eusebius, Ebda.

[81] Eusebius, Ebda

[82] Ebda.

[83] Ebda. Siehe auch Eisenman: »James the Just in … , 38, Anm. 12 und 60, Anm. 40 (in Bezug auf: Origenes: »Contra celsum«, 1.47 und 2.13.

[85] »Habakuk-Komentar«, II,2–3.

[86] Ebda., II, 3–4.

[87] Ebda., V, 11–12.

[88] Ebda., VIII, 1ff.

[89] Ebda.

Nachwort

»Nichts ist ja verborgen, was nicht offenbar werden, nichts ist geheim, was [so verschlossen ist, dass es] nicht ans Licht kommen kann.«

(Jesus nach Markus 4, 22f.

Es ist ans Licht gekommen. Und offenbar ist geworden, dass das, was die christlichen Kirchen über Jesus erzählen und glauben, nichts mit der Wahrheit zu tun hat.

Dank

Danken muss ich vor allem Robert Eisenman und posthum seinen Schülern Michael Baignet und Richard Leigh sowie André Lemaire und Johannes Fried, ohne die dieser Text nicht hätte entstehen können.

- Für die Teilnehmer meines Clubs der Wissen-Begierde, der seit 36 Monate wöchentlich im Tertianum Huob tagt

- Für Dora und Liliana Heimberg